U0911311

别为自己找借口

NO EXCUSE

别为自己找借口

瞬间提高效率、脱离穷忙的41个小窍门

林德威 著

台海出版社

图书在版编目（CIP）数据

别为自己找借口 / 林德威著. -- 北京：台海出版社, 2017.12

ISBN 978-7-5168-1646-2

Ⅰ.①别… Ⅱ.①林… Ⅲ.①成功心理–通俗读物 Ⅳ.①B848.4-49

中国版本图书馆CIP数据核字（2017）第276126号

项目合作：锐拓传媒Email：copyright@rightol. com

版权合同登记号：图字01-2017-6474

别为自己找借口

著　　者：林德威

责任编辑：俞滟荣　曹文静　　装帧设计：肖　杰

版式设计：马延利　　责任印制：蔡　旭

出版发行：台海出版社

地　　址：北京市东城区景山东街20号　　邮政编码：100009

电　　话：010−64041652（发行，邮购）

传　　真：010−84045799（总编室）

网　　址：www.taimeng.org.cn/thcbs/default.htm

E-mail：thcbs@126.com

经　　销：全国各地新华书店

印　　刷：廊坊市鸿煊印刷有限公司

本书如有破损、缺页、装订错误，请与本社联系调换

开　　本：880×1230　　1/32

字　　数：200千字　　印　　张：7.75

版　　次：2018年7月第1版　　印　　次：2018年7月第1版

书　　号：ISBN 978-7-5168-1646-2

定　　价：39.80元

版权所有　侵权必究

编辑序

从借口到找到人生“必胜方程式”！

不晓得你有没有听过或遇到以下这种情况，参加同学会时，发现以前坐你旁边的王大明现在已经是高阶主管了！明明读书的时候，他的成绩就不怎么样，甚至比你还差。为什么过了三五年后，他领的薪水会是你的一两倍？到底为什么你现在比不上他？明明你也很努力地在打拼！

其实，说穿了也没什么，只是他在有意无意之间，能够善用“借口心理学”的一些技巧，让自己更有能力解决问题，提高工作效率，让自己比别人多了一些时间增强能力。就是这些点滴的累积，三年后的王大明赚了你的两倍薪水，一切就只是因为你不懂“借口心理学”！

为什么“借口心理学”这么重要？

《孙子兵法》的《谋攻篇》中说：“知己知彼，百战不殆；不知彼而知己，一胜一负；不知彼，不知己，每战必殆”。能了解自己、控制自己就能让我们立于不败之地。透过本书，你会察觉到一些平时没注意到，但会影响自己做事效率的心理状态，比如：

你的效率低下，不一定是因为工作方法不对，或是经验不够，也可能是你的心中积压了太多的不良情绪。这些情绪使你精神萎靡，缺乏活力，而造成效率低下。这时你要做的就不是找改善效率的方法，而是要巧妙地运用“借口心理学”！怎样去纾解那些不良情绪，找回当初的活力。

或是很多时候你冥思苦想、绞尽脑汁也想不出解决问题的办法。其实，这时不应继续想下去，而是要运用借口心理学暂时让自己停下来，放松一下，去做点别的。也许在不经意之间，你的灵感可能会像不速之客一样来光顾你，使你踏破铁鞋无觅处，得来全不费工夫。因为只有在人不疲劳、比较轻松和愉快的时候，灵感才更容易光顾。

当你的状态不好时，比如出现忧郁、恐慌、消沉的时候，最简单改变自己状态的办法是不断地运用借口心理学对自己进行心理暗示，告诉自己：糟糕的情况很快会过去！我一定能解决这个问题！我一定能突破这个困境！很多时候，这就是最直接有效的摆脱不良状态的方法。

……

我们在生活中发生的很多问题，都能透过借口心理学来解套，只要你照着书中的提醒去做事，不管是生活上或是职场中，一定能够获得很大的突破！

轻松地迎向未来，找到人生“必胜方程式”！

目　录

CONTENTS

01 情境篇 为什么在各式各样的情境下，我们都找得到借口

02 加强篇 想让自己更好一定要知道的知识

01

情境篇

为什么在各式各样的情境下，
我们都找得到借口

Q1

在专心的时候会听不见旁人说的话？

——选择性注意定律

ⓧ：因为他说话太小声。

ⓞ：因为那时你受到“选择性注意定律”的影响。

请看此例：

一位医生、一位房地产商和一位艺术家，一同去医生家吃晚饭，他们共同经过一条繁华的街道。到医生家后，医生的小女儿请他们各给她讲一个故事。

艺术家讲道：“今天，我沿着街道走，看见在天空的映衬下，城市像一个巨大的穹隆，暗暗的金红色在落日的余晖中泛着微光，真是一幅美丽的图画。”

房地产商讲道：“我在街上看见两个男孩子在讨论怎样挣

钱。一个男孩说他想摆一个冰激凌小摊，把地址选在两条街道的交汇处，紧挨地铁的入口，因为在这里两条街上的人和坐地铁的人都可以看见他。我猜这个男孩将来会成为很好的商人，因为他懂得经营位置的价值。”

医生的故事是这样的：“我看到一个橱窗，从上到下都摆满了各种药瓶，这些药用于治疗各种消化不良，一些人正在挑选。我心想，他们需要的也许不是什么药品，而是新鲜的空气和睡眠，而我却不能告诉他们。”

三个人走的是同一条街道，可他们眼中的街道却如此不同，这是因为他们受过的不同教育和训练造成关注方向的不同。比如，医生看到一个人，会不自觉地观察他的面色、体态，来猜测他的健康状况；商人观察一个人，可能会考虑对方是做什么行业的，能否跟自己有业务上的合作；而心理学家认识一个人，则会像弗洛伊德那样，去洞察对方的潜意识和内心深处的秘密……

由于我们的注意力是有限的，因此为了取得更高的工作效率，我们要提防被工作以外的事情分散太多的注意力。

譬如：作为业务员，有的人喜欢参加俱乐部一类的小集团，或是在公司中结交三五个所谓的知己，参与同行间有关销售业务的闲聊。早上开会时，有人会提起昨晚如何度过，或吃早餐时太太啰唆的琐事；午餐时间，又有人提议："到哪家饭馆吃饭呢？"大家热烈地讨论，然后以投票方式决定，吃完午饭后，大家再分摊饭钱。这些都在不知不觉中浪费了时间。等他们回到工作岗位时已近黄昏，当天做生意的机会已不多了。

而刚成为业务员的新人却不是这样。他一个人都不认识，自己孤孤单单地工作，学习商品的知识；有客户和老板谈话时，自己就旁听，学学做生意的诀窍。可是当他熟悉了环境，往往也和其他业务员一样浪费时间闲聊，刚入工作岗位时用心学习的态度就找不到了。当他变成这样，就很难成为一个优秀的业务员了。

任何一项工作都是如此。我们只有倾注足够的心力在上面，不被无关紧要的事情分心，才更容易取得成绩。

选择性注意定律（Selective Attention）

选择性注意又称为选择性暴露，即受传者是否注意到媒介及其信息。这是受众心理选择过程的第一个环节。受众对媒介的接触具有很强的选择性，他们往往从自己原有的意见、观点和兴趣出发，将自己「暴露」在经过选择的传媒及其内容的面前。受众更倾向于接触与原有态度较为一致的信息，而尽量回避那些与己见不合的信息。这样，对传播者来说，最为重要的便是使自己所传递的信息对受众更具吸引力。

小知识

专心致志地做好每一件事

选择性注意，对我们在一个领域内做出成就也是很重要的。一个人的注意力是有限的，如果把注意力放在了过多的方面，注意力太分散，就不容易做出成绩。我们知道，在森林里，老虎和绵羊的实力简直天地之别，虎落羊群，羊儿四散溃逃，老虎只盯一只追，这样就不会盲目地瞎跑，可以说十拿九稳；如果没有固定目标，那么每一只羊都会精力充沛地逃生，而老虎却因换来换去而耗费体力，结果可能一只也追不上。人也是这样，不能给自己定太多的目标。

Q2

没办法想到新颖的点子？

——思维定式

Ⓧ：灵感就没有找我呀。

Ⓞ：要避开思维定式，才能想到好东西。

请看此例：

南宋嘉熙年间，江西一带山民叛乱，身为吉州万安县令的黄炳，调集了大批人马，严加守备。一天黎明前，探子来报，叛军即将杀到。黄炳立即派巡尉率兵迎敌。巡尉问道："士兵还没吃饭怎么打仗？"黄炳却胸有成竹地说："你们尽管出发，早饭随后送到。"黄炳并没有开"空头支票"，他立刻带上一些差役，抬着竹箩、木桶，沿着街市挨家挨户叫道："知县老爷买饭来啦！"当时城内居民都在做早饭，听说知县亲自带人来买饭，便赶紧将刚烧好的饭端出来。黄炳命手下付足饭钱，将热气腾腾的米饭装进木桶就走。这样，士兵们既吃饱了肚子，又不耽误进军，打了一个大胜仗。

“思维定式”就是用过去形成的经验来衡量新的事物。它的好处是在认识事物或从事一项活动时，可以根据过去的经验，迅速地认识类似的新事物，这样可以节省我们很多的精力和时间。比如，我们看到天上有乌云，就知道要下雨，就要赶紧回家或找地方避雨。另一方面，思维定式也有弊端。有时情况发生变化了，新的情况可能需要新的方法来解决，而我们如果因此抱残守缺、故步自封，习惯于用老办法解决新问题，就很容易陷入困境。

其实，这个世界上许多伟大的成就，都是因为突破了过去的思维定式，进行了新的尝试和创新而取得的。自古以来，房子都是先盖好再出售。可是被喻为“香港的土地爷”的霍英东却突发奇想，“先出售，后盖房子不行吗？”正是这一奇想，使霍英东摆脱了束缚，迈出了由一介平民变为亿万富豪的传奇创业之路。

在工作中，经常会出现我们无法通过正常思维方式和方法来解决的问题。当我们遇到难题的时候，不要陷在思维定式的泥沼中浪费时间和精力，而应该换一个角度，换一个立场来看待问题，也许会得到意想不到的答案，从而提高效率。

思维定式（Thinking Set）

又称习惯性思维，是指人们按习惯的、比较固定的思路去考虑问题、分析问题，表现为在解决问题过程中做特定方式的加工准备。它阻碍了思维开放性和灵活性，造成思维的僵化和呆板。

小测验

你的发散思维能力强吗?

有一位叫哈定的科学家说过，所有创造性的思想家都是幻想家，而幻想主要是依靠发散性思维。下面的实验可以测试出你的发散思维如何：

1. 请你写出所能想到的带有“土”结构的字，写得越多越好（5 分钟完成）；

2. 请你用数字或字母，以各种数学运算形式来完成“1=？”这一等式，写得越多越好（5 分钟完成）；

3. 请你举出包含“三角形”的各种物品，举得越多越好（10 分钟完成）；

4. 给你三条直线、一个任意三角形，请你同时使用这些简单图形和线条，组成各种有意义的图案，画得越多越好（10 分钟完成）；

5. 请你根据以下故事情节，用简洁的语言（不超过 100 字）写出故事的各种可能的结尾，写得越多越好。古时候，有兄弟三人。大哥、二哥好吃懒做，三弟勤劳聪明。三兄弟长大后都成了家。有一天，他们在一起喝酒，大哥、二哥提议："从现在起，我们三人说话，互相不准怀疑，否则罚米一斗。"酒后，大哥说："你们总说我好吃懒做，现在家里那只母鸡一报晓，我就起床了……"三弟直摇头说："哪有母鸡报晓之理？"大哥嘿嘿一笑说："好！你不信我的话，罚米一斗。"二哥接下去说："我没有大哥这么勤快，因此，家里穷得老鼠撵着猫吱吱叫……"三弟又摇头，二哥得意地说："你不信，也罚米一斗。"后来……（10 分钟完成）

Q3 这件事情做起来辛苦又无趣？

——不值得定律

Ⓧ：因为这真是辛苦又无趣的事情呀。

Ⓞ：你掉入了“不值得定律”的陷阱里面。

请看此例：

美国著名的电视新闻节目主持人沃尔特·克朗凯特，很小的时候就对新闻感兴趣，14岁时，他还成了校报《校园新闻》的小记者。每周学校还会请休斯顿一家日报社的新闻编辑弗雷德·伯尼先生来给小记者们讲授新闻课程，并指导校报的编辑工作。有一次，沃尔特·克朗凯特被安排写一篇关于学校田径教练卡普·哈丁的文章。可是，那天正是克朗凯特一个好朋友的生日，他必须去参加朋友的生日聚会，克朗凯特只好胡乱写了一篇稿子交了上去。第二天，克朗凯特被弗雷德叫到办公室，弗雷德很生气地说："克朗凯特，你的文章糟糕极了，根本就不像一篇采访稿！该问的没问，该写的没写，你甚至连被采访者是干什么的都没弄清。克朗凯特，你应该记住，如果有什么事情值得去做，就得把它做好！"

"如果有什么事情值得去做，就得把它做好"这句话成了克朗凯特的座右铭，一直鞭策了他70多年。正是因为这句话，克朗凯特才对新闻事业忠贞不渝。

你是否考虑过，你现在所做的工作是否值得呢?

它往往取决于三个因素。

（1）价值观。只有符合我们价值观的事，我们才会满怀热情地去做。

（2）个性和气质。一个人如果做一份与他的个性气质完全背离的工作，是很难做好的，比如，一个喜好交友的人成了图书馆员，或一个害羞的人不得不和许多人打交道。

（3）现实的处境。同样一份工作，在不同的处境下去做，给我们的感受也是不同的。例如，在一家大公司，如果你最初做的是跑腿打杂的工作，你很可能认为这是不值得的；可是，一旦你被提升为领班或部门经理，你就不会这样认为了。

如果你的工作与这三个因素不符，你就要考虑换一个更合适的工作，努力做好它。去做值得的事，才会激发我们的奋斗动力，也才可以心安理得。每个人都应在多种可供选择的奋斗目标及价值观中挑选一种，然后为之奋斗。选择你所爱的，爱你所选择的，才可能激发我们的斗志，也才可以心安理得。

就像麦肯锡资深咨询顾问奥姆威尔·格林绍所说：“我们不一定知道正确的道路是什么，但却不要在错误的道路上走得太远。”做事的准则就是找对方向，确定目标，做对事。

本尼斯说：“最聪明的人是那些对无足轻重的事情无动于衷的人，但他们对较重要的事物却总是很敏感。那些太专注于小事的人通常会变得对大事无能。”在生活中，总是为一些美中不足自寻烦恼的人很多，很显然，这种人是在平白无故消耗自己的精力。他们忘了什么是不值得做的事，也忘了不值得做的事一定不能做的道理。如果一天花太多时间在一件不值得做的事情上，那么工作恐怕就要变成一件苦差事了。

不值得定律（Not Worth）

最直观的表述是：不值得做的事情，就不值得做好，它反映出人们的一种心理，一个人如果从事的是一份自认为不值得做的事情，往往会保持冷嘲热讽、敷衍了事的态度。不仅成功率小，而且即使成功，也不会觉得有多大的成就感。

小知识

用积极的心态面对生活中的无奈

在现实中，许多人都会不可避免地遇到这样严酷的事实，即使不喜欢所从事的工作，也必须长期、努力地工作，因为我们无力改变什么。遇到这种情况时，我们必须调整自己的心态，把它当作值得做的事去做，否则这份工作势必会成为我们的负担，长期下去将使我们心情压抑，甚至身心疲惫。

Q4

总是没办法发挥我的创意？

——功能固着心理状态

Ⓧ：因为我这个人就天生没有创意头脑。

Ⓞ：不是没有创意头脑，是你落入了“功能固着心理状态”。

请看此例：

有一次，德国化学家尤斯图斯·冯·李比希去英国考察，到一家工厂参观绘画颜料“柏林蓝”的配制过程。他看见工人们先用药水煮动物的血和皮，调制成柏林蓝的原料，然后把原料溶液放在铁锅里再煮，并用铁棍长时间搅拌，边搅边把铁锅捣得咔咔响，李比希感到很奇怪。一个工头向他解释道：“搅拌锅里的溶液时，一定要用铁棍搅，而且发出的声音越大，柏林蓝的质量越好。”李比希笑道：“不需要这样搅，只要在柏林蓝原料里加点含铁的化合物就行了。用铁棍使劲儿搅，无非是把锅上的铁屑蹭下来，使它与原料化合成柏林蓝。这样虽然也行，但太浪费时间啦！”

在生活中，一个人对某种物体的通常用途越熟悉，就越难发现这种物体在其他方面的新功能。例如：长尺是用来测量物体长度的，却不容易想到它还可以做教鞭和指挥棒。这些都是受物体的一般固定功能所限，不能变化思考的结果。功能固着心理状态使我们在遇到特殊情况而常规工具又不足的情况下，难以解决问题。

克服功能固着心理状态，能消除一个人对物体用途方面呆板、机械的认识，使其对物体的用途认识更丰富、更全面。比如，有时你要搬动一个家具，需要测量一下屋里某个部分的空间是否能容得下它，但是手头没有长尺。这时你可以利用其他的东西当尺用，比如，一根绳子、一个画框进行测量。还比如，头上撞了个包，如果用冰袋敷可以更快消肿，而最简单的方法是，你可以买一块雪糕，把雪糕袋敷在脑袋上。还比如，凡士林是用来擦手的，但因其有油性，如果门轴锈了，开关门时吱吱作响，可以在上面抹点凡士林润滑一下，往往就可以解决问题。

功能固着心理状态（Functional Fixedness Psychological State）

功能固着心理指的是一个人看到一种惯常的功用或联系后，就很难看出它的其他新用途。如果初次看到的功用越重要，也就越难看出它的其他用途。

功能固着是思维活动刻板化的反映，我们在日常生活中经常碰到，硬币好像只有一种用途，很少想到它还能用于导电；衣服好像也只有一种用途，很少想到它可用于扑灭烈火。

小知识

跳出固定的思维模式，让头脑活跃起来

如果拿来一块普通的砖头，让你说出它的用途，你会想到哪些呢？你可以列举出造房子、造仓库、造学校、铺人行道等的用途，但是这些用途都是沿着用作“建筑材料”这一个方向想出来的，几乎没有变通性。相反，如果你能列举出还可以打狗、做防身武器、敲钉子、做健身器械等用途，那么，这说明你在一定程度上克服了功能固着心理。

Q5 我每次习惯坐这个位置？

——定位效应

Ⓧ：因为这个位子坐起来舒服呀。

Ⓞ：是因为你落入了“定位效应”的盲点。

请看此例：

有一次，大文豪大仲马看中了一件古董，但是卖主开价很高，他希望能够以低得多的价格买下这件古董。于是他让自己的两个朋友先后到店里去，装作想买下古董的样子。先去的第一个朋友给这个古董开出了一个不可思议的低价。卖主说：“你疯了！我根本不可能卖给你。”接着第二个朋友又去那家店，开出了一个虽然比前者高但仍然很低的价格，卖主当然又说：“太低了，我不能卖给你。”这时候，真正的买家大仲马出现了。他只在第二个朋友开价的基础上稍微加了一点价，就以期望的价格买下了这件心仪已久的古董。

大仲马之所以达到了他的目的，是因为他的两个朋友出的价已经在卖主的心理上形成了定位效应。

实际生活中，很多情况下你都会不知不觉地受到定位效应的影响。日常生活中我们做判断的时候很少有机会得到完整的信息，大部分的判断和决策都是建立在不完全信息基础上的。

比如，企业要为下个年度制订销售指标，会参照今年的销售额再根据市场情况进行一点调整；医院要预计下个月病人的数量，也会根据这个月的病人数目进行调整。

如果你急需雇佣一个助手并且已经找到了一个合适的人选，那么你该给他出多少工资呢？通常的做法恐怕是参照市场上同类工作的工资和这个人上一个工作的工资。如果你觉得他很令你满意，就在这两个参照的基础上再加一点。也许你原本不知道“定位效应”这个名词，但是你一定用过这个方法来做含有不确定信息的判断。

现实生活中，我们常常容易先入为主，被无关的或不完整的信息禁锢住了思维。对这种定位效应，该如何调整呢？这就应该使用换位法。如果我们换一种情形想想，我们就可以发现自己开头所想的答案可能离正确答案相差太大。

定位效应（Orientating Effect）

在社会心理学中，人们把一个人自己选定的角色位置不因其他因素而发生太大变化的现象，称之为定位效应。

社会心理学家曾对此做过一个试验：在召开会议时先让人们自由选择位子，之后到室外休息片刻再进入室内入座，如此五至六次，发现大多数人都选择了他们第一次坐过的位子。

小知识

处理问题头脑要灵活

如果你有问题想要征询别人的意见，最好在咨询别人之前，先进行独立的思考，以免别人提出的意见限制了你的思维。同时，如果你希望从别人那里得到对方真实的想法，最好在征询他人意见的时候，不要先过多地阐述你对事情的看法和主意，以免你的看法把对方限制，你就难以获得对方真实的意见了。

Q6 总是有人眼睛长在头顶上？

——优势效应

Ⓧ：因为这个人本性就是这样。

Ⓞ：其实他只是被“优势效应”所影响了。

请看此例：

从前有个叫王老二的人，由于考上了状元，因此威风凛凛，傲气十足。

有一天，他走在街上，想通过考验别人来显示自己的能力。

首先他遇到卖木柴的樵夫，于是对樵夫说：“我是当今的状元，我来考考你！你可以在木头上劈出一条直线，完全不弯曲吗？”

樵夫拿起一根木头，一刀劈下，笔直无弯。他淡淡地回答说："一条直线？你是说这样吗？"他看了心底一惊，赶紧佯装无事地溜走。

接着他来到一家油坊，故意把一枚铜钱盖在瓶口上，对老板说："你可以从铜钱的孔里把油倒进瓶子里吗？如果我的铜钱没有沾到一滴油，我就买你五斤油。"

他本来并不打算买油，只是想捉弄老板而已，但没想到，老板提起油桶往瓶子里倒，油就像条直线般细细长长地流进瓶子，装满后一称刚好五斤。他的脸发颤，既然说了，只好乖乖付账，背着油瓶走了。

这些事情让他感慨地说道："三百六十行，行行出状元啊！我只是一行里的状元罢了，其余的三百五十九行我完全不行，凭什么认为自己是最了不起的呢？"

心理学研究表明，每个正常的人都具有一定的潜能。由于遗传、环境和教育以及个人努力程度等因素的不同，不同的人，潜能存在着差异，发展也不均衡。如果说社会上有三百六十行，那么人的潜能、优势、特长的差异，恐怕不少于三百六十种。

成功的秘诀就是：找到自己的优势领域，在这个领域里发挥自己的能力。

化学家奥托·瓦拉赫小的时候，父母为他选择了文学之路。谁知他的老师却下了这样的评语："瓦拉赫很用功，但过分拘泥，这样的人即使有完善的品德，也绝不可能在文学上发挥出来。”接着，父母根据瓦拉赫的意愿，让他改学油画，可是学校给他的评语是：“你是绘画艺术方面难以造就的人才”。于是许多教师认为他是个笨拙的学生，成才无望。

正当父母无所适从的时候，化学老师却发现了瓦拉赫做事一丝不苟的特点，看到了他具有做好化学实验的素质，因此建议他试试看化学。没想到化学触发了瓦拉赫的潜能，点燃了他智慧的火花。这个文学、绘画方面的劣等生，一下子变成了公认的化学方面前程远大的高才生。从此，瓦拉赫的优势得到充分开发，在化学方面的卓越成就使他荣获了诺贝尔化学奖。

当我们找到优势后就要集中力量去发挥它。而对于劣势，则不必花太大的精力去改正它。

优势效应（Advantage Effect）

我们常常因为自身所拥有的优势而忘乎所以，认为有了优势便少了忧患，却往往忽略了一个事实：因为优势，我们少了警醒和戒备，从而把优势变成了劣势。所以我们往往不是跌倒在自己的缺陷上，而是跌倒在自己的优势上。

小测验

什么工作能充分发挥你的天赋?

本测验之目的，是看你在哪一方面的工作具有最大的倾向或潜力，以便帮助你胜任它。请根据实际情况，在“是”或“否”下面画“√”。

（是　否）1. 当你在看一本有关谋杀案的小说时，你常能在作者未告诉你结果之前便知道谁是凶手吗?

（是　否）2. 你很少写错字、别字?

（是　否）3. 你愿意参加音乐会而不是待在家里闲聊?

（是　否）4. 看到墙上的画框歪了，你会想着扶正吗?

（是　否）5. 你宁愿读一些散文而不去看小说?

（是　否）6. 你能常记得自己看过或听过的事实?

（是　否）7. 宁愿少做几件事，但一定要做好，而不愿意多做几件事，马马虎虎地完成?

（是　否）8. 喜欢打牌或下棋?

（是　否）9. 对自己的预算均有控制?

（是　否）10. 喜欢钻研能使钟、开关、马达发生效用的原因？

（是　否）11. 喜欢改变一下日常生活中的一些习惯，使自己有一些充裕的时间？

（是　否）12. 闲暇时，较喜欢参加一些运动，而不愿意看书？

（是　否）13. 对你来说数学是不是很难？

（是　否）14. 你是否喜欢与比你年轻的人在一起？

（是　否）15. 你能列出5个你自认为够朋友的人吗？

（是　否）16. 对一般你可办到的事是乐于帮助别人还是怕麻烦？

（是　否）17. 不喜欢太细碎的工作？

（是　否）18. 看书看得快吗？

（是　否）19. 你相信“小心谨慎，稳扎稳打”是句至理名言吗？

（是　否）20. 你喜欢新朋友、新环境与新的东西吗？

答案与分析：

（这个测验的答案没有对与错之分，只是在看你的倾向）

1. 圈出全部答“是”的题号。

2. 算算前10题中有几个“是”的答案。（此为第一组）

3. 算算后10题中有几个“是”的答案。（此为第二组）
4. 比较这两组答案。如果第一组中的“是”比第二组中多，那么表明你是个精深的人，能从事具有耐心、谨慎与研究的琐细工作。诸如：医生、律师、科学家、机械师、修理人员、编辑、哲学家、工程师、技术人员等。如果第二组中的“是”比第一组多，那么表明你是个广博的人，最大的长处是成功地与人交往。你喜欢有人来实现你的想法，工作包括：人事、顾问、运动教练、出租车司机、服务员、演员、推销员、广告宣传的执行者等。如果你在两组中的“是”大致相等，那就表明你不但能处理琐碎细事，也能维持良好的人缘关系。你的工作包括：护士、教师、农民、建筑工人、秘书、商人、美容师、艺术家、讲师、图书馆管理员、政治家等。

Q7

大家都相信专家说的话？

——权威效应

Ⓧ：因为他是专家呀。

Ⓞ：其实这是一种“权威效应”的迷失。

请看此例：

1938年9月21日，一场凶猛异常的飓风袭击了美国的东部海岸。美国著名历史学家威廉·曼彻斯特在他的名作《光荣与梦想》中记载并描述了这场罕见的风暴。书中写道：“下午两点三十分，海水骤然变成了一堵高大的水墙，以迅猛之势，向巴比伦和帕楚格小镇（位于纽约长岛）之间的海滩劈头压来。第一波海浪的威力如此之大，以至于阿拉斯加州锡特卡的一台地震仪上都记录下了它的影响。在袭击的同时，飓风携带着巨浪以每小时超过100英里的速度向北挺进，这时，水墙已经达到近40英尺高，长岛的一些居民手忙脚乱地跳进他们的轿车，疯狂地向内陆驶去。没有人能精确地知道，有多少人在这场生死赛跑中因为输掉了比赛而失去生命。幸存者后来回忆道，一路上，人们都将车速保持在每小时50英里以上。”

其实，当地气象学家们已预测到了这场飓风的规模和到来时间，但是因为一些不便公开的原因，气象局并没有向公众发出警告。事实上，绝大多数的居民通过家中的仪器或者通过其他渠道都获知飓风即将来临，但由于作为权威部门的气象局并没有发出任何预报，居民们都对即将到来的大灾难漠然视之。如果说预报员这次变成了瞎子，那么全体居民也都跟着啥也看不见了。

后来，许多令人吃惊的故事被披露出来，曼彻斯特写道：“这里有一个长岛居民的经历。早在飓风到来前几天，他就到纽约的一家大商店订购了一个崭新的气压计。9月21日早晨，新气压计邮寄了过来。令他恼怒的是，指针指向低于29的位置，刻度盘上显示‘飓风和龙卷风’。他用力摇了摇气压计，并在墙上猛撞了几下，指针也丝毫没有移动。气愤至极的他，立即将气压计重新装箱，驾车赶到了邮局，将气压计退了回去。当他返回家中的时候，他的房子已经被飓风吹得无影无踪了。”

实际上，世界上没有绝对的权威。权威的意见也只能供我们参考，而不能够绝对地相信，因为权威是相对的，他们的话也可能被更大的权威修正。如果完全相信权威，人类也许就不会进步了——人类正是在不断超越过去的权威的过程中进步的。

英国著名核物理学家欧内斯特·卢瑟福，因对元素裂变的研究而获得1908年诺贝尔化学奖。他曾断言："由分裂原子而产生能量，是一种无意义的事情。任何企图从原子蜕变中获取能源的人，都是在空谈妄想。"可是几年以后，用于发电的原子能就问世了。

在生活中，人们往往把各行各业的专家视为权威，大多数人对他们的话不经过思考和判断，就坚信不疑。这样往往使我们被专家的错误观点所左右。

当然，专家是令人尊敬的，因为他们以自己掌握的知识和辛勤的劳动，让我们享受到了许许多多精神文明和物质文明的成果；专家说的话也往往会令人相信，因为他们是专家，就表明了他们在某个方面的权威。但是，我们也要知道，专家和我们一样，都是从事某一项工作的人，只是从事某项工作时间长了，实践多了，研究深入了，经验丰富了，别人遇到的问题或者别人没有遇到的问题，在他那儿都已经遇到过，并且能够轻车熟路地予以解决，那么他就是那项工作的专家，这跟有没有学位、写没写论文、出没出专著没有绝对的关系。

权威效应（Effect of Authority）

权威效应的普遍存在，首先是由于人们有安全心理，即人们总认为权威人物往往是正确的楷模，服从他们会使自己具备安全感，增加不会出错的保险系数；其次是由于人们有赞许心理，即人们总认为权威人物的要求往往和社会规范相一致，按照权威人物的要求去做，会得到各方面的赞许和奖励。

小知识

相信科学，相信智慧，更要相信自己

怀疑一切！是一句有名的箴言。问号可以开启思考的闸门，也是打开任何一门学科的钥匙。怀疑是探幽索隐的动力，是批判旧学说、建立新观念的起点。所以赫拉克利特说："智慧的爱好者必须对万事万物发生疑问。"李四光说："不怀疑就不能见真理。"发现和提出问题是整个思维过程的出发点。

Q8

为什么我的工作效率一直无法获得提高？

——霍桑效应

Ⓧ：反正我的效率原本就差呀。

Ⓞ：因为你没有适时使用“霍桑效应”。

请看此例：

一次，林肯的一位朋友愤愤不平地向林肯诉说了另一位朋友的无理。林肯听后不平地说：“你马上写信去痛骂他，以后不要与他来往。”信写好后，却被林肯拿过来撕了，林肯笑着说：“我写过不少这样的信，但永远也不会寄出去，我们可以尽情地倾诉心中的不快，但没有理由去伤害他人。”这位朋友通过写信，烦恼与怒气已消除了大半，听了林肯的话更是感叹不已。林肯把烦恼通过写信而发泄出来，既获得了心理平衡，又不会伤害别人，真是一举两得。

心理学家告诉我们，情绪的宣泄有利于提高工作效率。美国一个叫作霍桑的工厂里曾做过一个实验，证明了这个规律。

为了提高工作效率，霍桑工厂请来包括心理学家在内的各种专家，在大约两年的时间内找工人谈话两万余人次，耐心听取工人对管理的意见和抱怨，让他们尽情地宣泄出来。结果，霍桑工厂的工作效率大大提高。这种奇妙的现象，被称作“霍桑效应”。

其实，我们每个人在一生中都会产生数不清的意愿、情绪，但最终能实现、能满足的却并不多。有人认为，对那些未能实现的意愿、未能满足的情绪，应该千方百计地压抑下去、克制下去，不能让其发泄出来。但是情绪和意愿这样被压制，会产生一种心理上的能量。这种能量只有通过其他的途径才能释放出去，却不会丝毫减少，就好像物理学上的能量守恒定律。

即使你在压抑、克制阶段，意识不到它的存在，那只说明它从显意识层转移到了潜意识层。它对你的影响仍然存在，而且一直在找机会真正发泄出去。

霍桑效应（Hawthorne Effect）

心理学上的一种实验者效应，是指当被观察者知道自己成为被观察对象而改变行为倾向的反应。

小知识

“吵架场”的风俗

据说南太平洋一个巴布亚族的土著部落有一个奇特而又有趣的风俗。每一个村子里，都专门开辟了一块名叫“吵架场”的场地，专供夫妻吵架和众人围观之用。当夫妻发生矛盾冲突或产生怨恨时，他们就通过吵架把怨恨发泄出来，而且往往一吵就是好几个小时，直至双方都疲惫不堪才罢休。吵完后，夫妻双方挽起手臂，愉快回家，好像什么事情都没发生。

Q9 为什么懂得节制的人会比较成功？

——延迟满足行为

Ⓧ：因为他们本来就是“忍”者。

Ⓞ：这是“延迟满足行为”所带来的回馈。

请看此例：

日本住友银行总理事小仓曾讲过下面这个故事：

有一年大地震，铜丝价格暴涨，以铜丝为原料的行业都借机抬高产品价格。我有位制伞的朋友跑来和我商量这个问题，我奉劝他千万不要趁火打劫！尽量用以前的旧价。甚至还亲自去为他和客户接头，帮他推销。当时我们的做法曾经遭受许多制伞业人士的指责，但我坚持，为了维护公司信誉非这么办不可。地震后的大变动逐渐过去了，商场渐渐恢复稳定，许多制伞同业都纷纷因货物滞销而受损失，甚或被迫倒闭，只有我朋友的公司屹立如故。只因为我们在大家哄抬物价时，不盲目随从，给了顾客一种相当的信任。凭借顾客对我们的信任，安然度过了危机，而且还生意兴隆。由此可见，贪图眼前利益的人，往往要付出更大的代价，遭受更大的损失！

美国心理学家曾做过一个关于“延迟满足行为”的心理试验。在美国得克萨斯州的一个小学的校园里，一个班的 8 个学生被老师带到了一间空房里。随后一个陌生的中年男子走了进来。他给每个学生都发了一粒包装精美的糖果，并告诉他们：“这糖果属于你，你可以随时吃掉，但如果能坚持到我回来再吃，就会得到两粒同样的糖果。”说完，他和老师就离开了。有 3 个学生马上就吃掉了自己的糖果，而另外的 5 个学生克制自己，等到 40 分钟后那个陌生人回来，而得到奖励。

后来，心理学家追踪这些孩子 20 年的发展后，得到一个结论：那些能够采取“延迟满足行为”的学生，数学、语文的成绩要比那些没有延迟满足的学生平均高出 20 分；参加工作后，他们也很少在困难面前低头，常常能走出困境并获得成功。

另外哈佛大学对个人成功因素做了一个纵向调查，试图找出一些影响人们成功的因素。他们研究的因素有教育、智力、家庭、社会背景，等等，他们发现很多富家子弟很不成功，而很多出身贫寒的人反而很成功。经过反复研究，他们认为最重要的一个因素是时间透视力。时间透视力是指当你计划每天的事情和活动的时候，你所能考虑的时间长短。时间透视长的人毫无例外地能够使自己做的每一件事情都成为长远目标的一个部分，平均而言，专业人士的时间透视力可以达到 10 年、15 年甚至 20 年。而失败的人，就是典型的时间短视，他们只关注短期的快乐和享受。

有时候，透视未来，需要卓越的眼光和判断力，要能看到别人所看不到的未来里更重要的东西。

延迟满足行为（Delay of Gratification Behavior）

心理学上，所谓延迟满足，是指一种甘愿为更有价值的长远结果，放弃实时满足的抉择取向，以及在等待期间展示出来的自制能力。

延迟满足是一种心理成熟的表现，用我们平常的话说，就是忍耐，即为了追求更大的目标，克制自己的欲望，放弃眼前的诱惑。

小知识

克制眼前诱惑，奔向远大目标

在生活中，我们每个人都有过这种延迟满足的体验。当你肚子很饿的时候，想到晚上还有丰富的晚宴，你会先随便吃上一口东西凑合一下，等待着美味的晚餐。工作环境、薪水待遇不能满足时，你只能暂时地忍耐，因为你还没十足的把握跳槽到一个更能令你满意的单位。一旦有了这种机会，你会毫不犹豫地奔向理想的目标。能够享受延迟满足的人，一定是有良好心理素养的人。只有坚持不懈，不为小利而动的人最终才能实现自己的人生目标。

Q10

常被鼓励的人会成为有自信的人？

——自我暗示效果

ⓧ：因为他们就是缺乏自信呀。

ⓞ：其实这是"自我暗示效果"的发挥。

请看此例：

有一位年轻的人寿保险推销员跑去找咨询专家，他曾经在第一年中屡创纪录，但是此后却严重衰退。他的问题到底出在什么地方呢？

这个年轻人看起来非常沮丧，而且对未来感到很烦恼。他的支出账单在持续增加之中，但是佣金收入却寥寥无几。他发现自己陷入困境：他越需要佣金，越赚不到；越想要促成生意，越无法成交。他说："这到底是为什么呢？我甚至乞求别人买保险呢！我是多么想争取生意啊！”

专家很快就认清了关键所在，他要这位年轻人尽量往正面积极的方向思考，停止往负面悲观的方向思考，要使自己深信：即使在财务面临破产的境地，但是在其他方面仍是非常富裕。诸如，我的能力很强、我的野心很大、我的机会很多，等等。而结果真是令人十分震惊。在不到一个礼拜的时间内，他就又签到了很多的合约，恢复以前的高收入生活了。

一个月以后，他又跑去找专家。“我要让你看一件东西，”他打开公文包，取出一件东西，并且对专家说，“请看看每天摆在我办公室中，用相框镶起来的是什么呢？”以下就是他用相框镶起来的一段文字：我很富裕，我的能力很强、我的野心很大、我的机会很多，而且我的家庭充满温馨。

暗示分为他人的暗示和自己的暗示。心理学家认为，人的意识或潜意识就像肥沃的土地，对自己施行暗示，就像在这块土地上播撒种子。如果我们对自己进行消极的心理暗示，比如，在演讲或考试前，想象自己失败的情景，会使自己的信心减退，在面临考验的时候怯场，发挥不好，从而遭遇失败。相反，如果我们对自己的潜意识进行积极的暗示，比如，在心里对自己说：“我能行，我有能力，我一定会把事情做好。”或者想象自己成功的情景，则容易使自己进入良好的精神状态，获得更大的信心，而取得更好的效果。

那么人为什么会接受暗示呢？心理学家认为，人的判断和决策是由人格中的自我部分，在综合了个人需要和环境限制之后做出的，这样的决定和判断我们把它叫主见。而人不是神，没有人是万能的、完美的，因此每一个人都不可能是完全有主见的。正是自我的不完善和缺陷，给外来影响留出了空间，给别人的暗示提供了机会。

在生活和工作中，懂得使用积极的暗示，可以让事情更美好。而习惯使用消极的暗示，往往把事情弄糟。当别人对你说“你非常出色”，你会感到快乐和信心十足，而且往往也会变得更加能干，因为别人对你的肯定和赞誉将会成为你努力奋斗的动力。语言在暗示中起到了积极的作用。同时，我们也可以学习运用自我暗示，对自己的能力加以肯定，强化自己做事情的信念。

自我暗示（Autosuggestion）

自我暗示，是指在无对抗的条件下，通过语言、行动、表情或某种特殊符号，对他人的心理和行为发生影响，使他人接受某一观点、意见，或按某种方式活动。暗示只靠信息的提示，不需要讲道理，它只要求受暗示者接受一些现成的信息。

小知识

自我暗示的五大原则

1.简洁：你默念的句子要简单有力。例如：“我越来越富有”“我挣了越来越多的钱”等等。

2.积极：这一点极为重要。如果你说：“我不想变穷。”虽未言穷，但这种消极语言会将变穷的观念印在你的潜意识里。因此，你要正面地说：“我会越来越富有。”

3.信念：你的句子要有可行性，以避免与心理产生矛盾和抗拒。如果你觉得“我会在今年内赚到100万”不太可能的话，选择一个你能够做到的数目。例如：我今年之内会赚到50万元或30万元。

4.想象：默诵或朗诵自己定下的语句时，要在脑海里清晰地形成意象。德士特 · 耶格在他的《百万富翁的心态》一书中说过：“你永远不会致富，除非你能够在脑海中见到自己富有的模样。”

5.感情：想象自己健康，你要有浑身是劲的感觉；想象自己成功，你要有人生丰富的感受。拿破仑 · 希尔博士也指出：当你朗诵（或默诵）你的套句时……要把感情贯注进去……否则光嘴里念是不会有结果的，你的潜意识是依靠思想和感受的协调去运作的。

Q11

我无法成为我想成为的那种人？

——自我意象概念

Ⓧ：因为想象和现实总是有差距的。

Ⓞ：只要“自我意象概念”运用得当，问题迎刃而解。

请看此例：

唐宣宗时期，宰相举荐李远做杭州刺史。宣宗一听就摇头说：“难道你没见他写的诗吗——‘青山不厌千杯酒，白日惟消一局棋。’这样不务正业的棋迷，怎能治理好州郡呢？”

宰相忙解释：“那只不过是一句诗啊！”宣宗大怒道：“诗可以言志，他能这样写，也会这样做！”

宰相回答：“皇上所言极是。不过，李远确是一个有才干的人，他只是因为闲居无事，才借下棋消磨时光。假如您能将他选拔上来，派他去治理杭州，他有正经事可做，就不会整天下棋了。”

宣宗觉得也有理，就任用了李远。后来，李远果然把杭州治理得很好。

李远最初没有官职，他在心中的自我意象概念只是一个无业游民，整天混日子，而埋没了自己的才能。可是当他得到官职，他的概念就改变了，他认为自己是一个能对百姓和上级负责的官员，从此他真正的才能就发挥了出来，他努力工作，为社会做出了贡献。当然，这样的前提是他的确具有领导的才能；同时，具有领导者的自我意象概念，也是他发挥出才能的必要条件。现今的自我意象概念是根据想象中的过去的自我而形成的，而过去的自我意象概念又是对过去经验所做的解释和评价。

自古以来，许多成功者都曾自觉或不自觉地运用了心理图像和排练实践来改善自我，获得成功。法国拿破仑一世在带兵横扫欧洲之前，曾经在内心想象中演习了多年的军事。韦伯和摩尔根在《充分利用人生》一书中告诉我们：拿破仑在上学的时候所做的阅读笔记，在复印时竟达满满 400 页之多。他把自己想象成一个司令，画出科西嘉岛的地图，经过精确的数学计算后，列出他可能布防的各种情况。

哈里·爱默生·福斯迪克博士说："生动地把自己想象成失败者，这就使你不能取胜；生动地把自己想象成胜利者，将带来无法估量的成功。伟大的人生以你想象中的图画'你希望带来什么成就，做一个什么样的人'作为开端。"一旦某种与自身有关的思想或信念进入我们的心中，它就会变成真实的。我们很少去怀疑其可靠性，而会根据它去活动，就像它的确是真实的一样。

自我意象概念（Self Image concept）

亦作自我意象或自我映象，为心理学概念，一般用来指一个人在内在的图像。一般来说，自我意象很难改变，它不仅是指能具体被他人观察到的客观事物（身高、体重、头发颜色、性别、智商、成绩，等等），而且还指那人通过自身经历或者评价他人而学到的一些事情。对于自我意象一个简单的定义是对于问题「你认为别人怎么看你」的回答。这个名词原来是客观的名称，这个名词本身并没有牵涉到价值判断。

小测验

你充满自信吗？

信心是成功的第一步。你对自己充满信心吗？请用“是”“否”回答以下 40 道测试题，看看你是不是个自信的人。

1. 如果你决定做一件事，即使没有人支持，你仍然会坚持做下去吗？
2. 参加宴会时，即使很想上洗手间，你也会强忍着，直到宴会结束吗？
3. 如果想买性感内衣，你会避免自己去商店而托朋友帮你买或网购吗？
4. 你认为自己是个很出色的情人吗？
5. 如果服务员招待你的态度不好，你会向他们的经理投诉吗？
6. 你不经常看自己的旧照片吗？
7. 别人批评你，你会觉得难以忍受吗？
8. 你很少对人说出你的真实想法吗？
9. 对别人的赞美，你持怀疑的态度吗？
10. 你总是觉得自己不如别人吗？
11. 你对自己的外表满意吗？
12. 你认为自己的能力比周围的人强吗？
13. 在聚会上，只有你一个人穿着便服，你会感到不自在吗?

14. 你是个受欢迎的人吗?
15. 你认为自己富有魅力吗?
16. 你有幽默感吗?
17. 目前你正在从事的工作是你的专长吗?
18. 你懂得搭配衣服吗?
19. 遇到紧急情况时，你很冷静吗?
20. 你与别人合作很愉快吗?
21. 你认为自己只是个平常人吗?
22. 你经常希望自己长得像某影星吗?
23. 你经常羡慕别人的成就吗?
24. 为了不使他人伤心，你会放弃自己喜欢做的事吗?
25. 你会为了取悦别人而打扮吗?
26. 你会勉强自己做许多不愿意做的事吗?
27. 你会听凭他人来支配你的生活吗?
28. 你认为你的优点多于缺点吗?
29. 你经常对人说抱歉吗，即使在不是你错的情况下?
30. 如果无意中伤了别人的心，你会难过吗?
31. 你希望自己拥有更多的才能和天赋吗?
32. 你经常征询别人的意见吗?
33. 在聚会上，你经常等别人主动跟你打招呼吗?
34. 你每天照镜子超过五次吗?

35. 你的个性很强吗?
36. 你是个出色的领导者吗?
37. 你的记忆力很好吗?
38. 你对异性有吸引力吗?
39. 你会理财吗?
40. 买东西前，你通常会先听取别人的建议吗?

说明：

各题答“是”得 1 分，答“否”为 0 分。

如果你的分数是 25 ~ 40 分，说明你对自己很有信心，知道自己的优点，同时也知道自己的缺点。不过，需要提醒你的是：如果你的得分将近 40 分的话，别人可能会认为你很狂妄自大，甚至气焰太盛。你不妨在别人面前表现得谦虚一点，这样才会有人缘。

如果你的分数是 12~24 分，说明你对自己比较自信，但是你仍缺乏安全感，经常会对自己产生怀疑，你不妨提醒自己，要有意识地强调自己的才能和成就。

如果你的分数不到 11 分，说明你对自己显然缺乏信心。你过于谦虚和自我压抑，因此经常受人支配。你应尽量不去想自己的弱点，多想象自己的优点和长处；先学会看重自己，别人才会真正看重你。

Q12 人容易见异思迁？

——对比效应

Ⓧ：因为这些人的定力都不够！

Ⓞ：是“对比效应”产生了作用。

请看此例：

有一个人，他生前善良且热心助人，所以在他死后，升上天堂，做了天使。他当了天使后，仍时常到凡间帮助人，希望感受到幸福的味道。

有一天，他遇见一个农夫。农夫看起来非常苦恼，他向天使诉说：“我家的水牛刚死了，没它帮忙犁田，那我怎能下田作业呢？”

于是天使赐他一头健壮的水牛，农夫很高兴，天使在他身上感受到幸福的味道。

又有一天，他遇见一个男人。男人非常沮丧，他向天使诉说：“我的钱被骗光了，没盘缠回乡。”

于是天使给他银两作路费，男人很高兴，天使在他身上感受到幸福的味道。

又有一天，他遇见一个诗人。诗人年轻、英俊、有才华且富有，妻子貌美而温柔，但他却过得不快活。

天使问他：“你不快乐吗？我能帮你吗？”

诗人对天使说：“我什么都有，只欠一样东西，你能够给我吗？”

天使回答说：“可以。你要什么我都可以给你。”

诗人直直地望着天使：“我要的是幸福。”

这下子把天使难倒了。天使想了想，说：“我明白了。”

然后天使拿走诗人的才华，毁去他的容貌，夺去他的财产和他妻子的性命。

天使做完这些事后，便离去了。

一个月后，天使再回到诗人的身边。他当时饿得半死，衣衫褴褛地正躺在地上挣扎。

于是，天使把他的一切还给他。然后，又离去了。

半个月后，天使再去看看诗人。

这次，诗人搂着妻子，不住向天使道谢。

因为，他得到幸福了。

从本质上讲，世界上没有孤立存在的事物，任何事物都是在和其他事物的对比中存在的。你给一个事物规定一种特性，必然是在其他事物的对比之下。没有黑暗，就没有光明；没有苦，就没有甜；没有丑，就没有美……

在认识一个事物时，如果把和它不同的事物也同时显现出来，进行比较，会使它们各自的特点更加突出。用心理学家的话说：这是因为形成对比感，有利于被感知事物的差异或共同点从背景中分离出来，从而让被感知者有效感知。两事物如果在大脑皮层中产生相互诱导作用，会在对比中加深印象，而单独出现在大脑皮层中的事物没有诱导作用，显得平淡而不容易记忆。

而对比思考法确是一种辨别真伪、利害、是非、优劣的好方法。

对比是在思考中把各种对象或现象加以比较，判断它们之间异同的思维过程和逻辑方法。它是理解问题和解决问题的基础，是形成和发展智能的前提，是逻辑思维能力的主要形式之一。经过对比，才能进行选择，做出决定；不经过对比，人们就不能分辨事物的本质特征和非本质特征，就不可能认识事物的本质，就不可能确定事物的关系，并在此基础上，做出抽象概括，从而形成正确的概念以及进行判断、推理，等等。

在现实生活中，人们不是自我膨胀，就是自我贬低。如果自我被扩大，就容易产生虚荣心理，形成自满和自我陶醉。这种人喜欢炫耀、哗众取宠，不能客观地评价自己。如果自我被贬低，就很容易产生无能心理，认为自己无用，一无是处。这种人本来可以才华出众，成绩超群，却由于自我贬低，被“非不为，是不能也”的自欺欺人的自我退缩伤害了自我。

我们可以通过与同年龄的伙伴在处世方法、对人对事的态度、情感表达方式等方面进行比较，以人为镜，找出自己的特点，认识自己。比较时，对象的选择至关重要。找不如自己的人做比较，或者拿自己的缺陷与别人的优点比，都会失之偏颇。因此，要根据自己的实际情况，选择条件相当的人做比较，找出自己在群体中的合适位置，这样认识自己，才比较客观。

对比效应（Contrast Effect）

在认知心理学中，人们把某一特定感受器因同时或先后受到性质不同或相反的刺激物的作用，引起感受性发生变化的现象，叫作对比效应。

小知识

德国著名诗人歌德年轻时，立下的志向是成为一个世界闻名的画家。为此他一直沉溺于变幻无穷的色彩世界中而不能自拔，也付出了长达十年的艰辛努力，但是结果却收效甚微。在 40 岁那年，他游历意大利，看到了真正的造型艺术杰作后，终于恍然大悟：自己在这方面是难有成就的了！因为他发现，杰出的艺术作品是怎样的水平，而自己的水平与之相比，是相去甚远，永远也无法达到那样的程度。在比较之下，他才明白，自己并不是那块料，从此才做出痛苦但是正确的抉择：放弃绘画，转攻文学。经过不懈地努力和摸索，歌德最终成为一名伟大的诗人。

Q13

我总是会觉得这东西我懂别人应该也会懂？

——投射效应

Ⓧ：这东西这么简单，不是大家都应该知道吗！

Ⓞ：因为我们犯了“投射效应”的老毛病。

请看此例：

从前，有一个海岛，岛上有很多沉积了多年的大颗珍珠，十分珍贵。可谁也无法接近这个海岛，只有栖息在海岸附近的海鸟能飞行往来于这个岛上。

很多人慕名而来，带有枪支弹药，捕杀飞回岸边的海鸟。因为这种海鸟每到白天都会飞到岛上去吃光如明月的珍珠。

时间长了，海鸟渐渐地灭绝，剩下的几只也过得胆战心惊，只要一闻到人的气息，看到人的踪影，就会飞快地逃走。

后来，来了一个非常聪明的商人，他在海岸附近买下大片的树林，并在树林周围围上栅栏，不让闲杂人走进他的树林。同时，他严厉告诫他的仆人，不许在树林里捕捉或驱赶海鸟，更不许放枪。

于是，当海岸其他地方的枪声一响，就会有海鸟在惊慌逃窜中不经意闯进他的树林。时间一长，海鸟渐渐地都留在他的树林里栖息。它们也因此不必再为安危而战战兢兢。

等海鸟在他的树林里逐渐安定下来的时候，他开始用各种粮食果实等做成味道鲜美的百味食物，撒给这些海鸟吃。海鸟贪吃百味食物，吃得十分饱，就把肚中的珍珠全部拉了出来。

日复一日，这个商人就成了百万富翁。

事实上，投射效应导致了人和人之间的许多偏见和误会。生活中有些人由于投射效应，而把自己的喜好、自己的价值观强加给别人，是很容易引起抵触和对抗的。

比如，父母认为学经济学好，就让孩子考大学的时候填考这个专业，而不考虑孩子自己的兴趣在哪个方面。这可能造成孩子学非所爱，学非所用，最后一事无成。或者父母认为孩子学钢琴很重要，就逼着不喜欢学的孩子学习，给孩子带来很大心理压力。

在工作中，我们要具有换位思考的能力与基本动机。只要具备了换位思考的能力与基本动机，不论你从事什么职业，都会给你带来很多的帮助。比如，干刑侦工作的人要具有与罪犯做换位思考的能力与基本动机；辩护律师要具有与辩论对手、法官做换位思考的能力与基本动机；商业谈判专家要具有与谈判对手做换位思考的能力与基本动机；明智的父母亲同样要有与子女做换位思考的能力与基本动机……即使是一个推销员，在成功推销出产品的背后，依然是强大的换位思考能力与基本动机。而这些能力与基本动机并不是与生俱来的，而是靠你在平时与人打交道中思维的自我历练而形成的。这种历练给你带来的最大好处，就是做到将心比心，知己知彼，最大可能地提高效率。

投射效应（Projection Effect）

投射效应是指将自己的特点归因到其他人身上的倾向。是指以己度人，认为自己具有某种特性，他人也一定会有与自己相同的特性，把自己的感情、意志、特性投射到他人身上并强加于人的一种认知障碍。比如，一个心地善良的人会以为别人都是善良的，一个经常算计别人的人就会觉得别人也在算计他，等等。

小故事

有一家玩具店的货架上陈列了许多孩子们喜欢的玩具。奇怪的是，来到这家店里的孩子们对这些玩具似乎不屑一顾，连看都不仔细看就走了。老板搞不清这到底是怎么回事？后来有天他瘫坐在地板上，眼睛向上一瞄才发现许多玩具都和他平时所见的不一样。原来是因为孩子们个子矮，他们不能像大人那样看清货架上陈列着的玩具。于是他把玩具重新布置了一番，让孩子们都能清楚地看到，而店里的生意很快就好了起来。

Q14

我觉得有人在的时候，我的表现会比较好？

——社会促进效应

Ⓧ：因为我天生就需要掌声！

Ⓞ：这是“社会促进效应”的体现。

请看此例：

大约两百余年前，洪川大师来到京碧寺，寺里的和尚就请他写“第一议谛”四个字。洪川大师每写一字，都要精心构思，反复揣摩，真可谓呕心沥血。可是替他磨墨的那位和尚却是个颇具眼力而又直言不讳的人。洪川的每一勾一捺，只要有一点点瑕疵，他都会挑剔出来。

洪川写了第一幅以后，这位和尚这么批评：这幅写得不好。

“那这一幅呢？”

和尚摇头说："更糟，比刚才那幅还差。"

在一边的香客悄悄地对方丈说："大师不在状态，会不会是因为大师嫌润笔费给的少了呢？"

于是方丈向洪川委婉地提出了增加润笔费。洪川本来是位一丝不苟的人，见此情景，也不说话，耐着性子先后写了84幅"第一议谛"。遗憾的是，但却没有一幅得到这位和尚的赞许。

最后，在这位苛刻的和尚离开如厕的空隙，洪川松了一口气，在心无所羁的心境下，自由自在地写出了第85幅"第一议谛"。那位和尚从厕所回来一看，翘起大拇指，由衷地赞叹道："神品！"

1897年，心理学家特里普利特观察发现，自行车比赛时，多人同时比赛要比一个人单独计时比赛成绩更好。受到这种现象的启发，他做了一个实验，要求儿童绕钓鱼线，越快越好。结果发现，许多儿童在一起绕，要比一个儿童单独绕速度更快。

后来，更多的心理学家也观察到了这种现象，就把他人在场（比赛伙伴或观看者）引起的个体活动中效率提高的现象叫作社会促进。

但是，心理学家们也发现：社会促进并不是在任何情况下都会发生作用的。对于那些做简单工作的人来说，有他人在场会激发个体竞争的动机，从而有利于个体加快做事的速度；但是如果工作对个体来说是新接触的，不太熟悉，很难做好，这时旁人在场只会引发自卑感的增强，从而导致个体紧张焦虑，反而降低效率。

一个人从事的任何一种活动，总有熟练的地方，也总有不熟练的地方。如果熟练的成分占优势，那么社会促进作用就表现为活动效率的提高；反之，如果不熟练的成分占优势，就表现为效率的降低。

比如，老师让几个同学到黑板前，当着全班同学的面在黑板上演算几何题。如果题目是刚讲过的，比较简单，学生往往能很快做出，比下面的同学完成得快；但如果是很难的，站在台上的学生由于紧张发蒙，演算速度与结果往往不如下面的同学。

社会促进效应（Social Facilitation Effect）

社会促进效应是指在一些场合，有别人在场与否，工作效率发生明显变化的现象。社会心理学的研究证明，他人在场产生的社会促进效应，既有促进个体行为效绩的一种，同时，在某种情况下，也有干扰个体活动效绩的一种。

小知识

表现的时机

当我们的某种活动能够进行得比较熟练时，就可以大胆在人前显示一番，这样可以说明我们进一步提高活动的效率和水平，同时培养起我们的信心。但是如果觉得还不熟练，那就且慢献丑，还是独自埋头学习、苦练为好。比如，你在攻读一本内容高深难懂的书籍，或者要创作一部书稿，为了避免起干扰作用的观众效应，就要暂时性地疏远交往，耐得住寂寞，这样闭关修炼，效率才更高。

管理者在工作中，也可以根据这个原理，合理地安排员工的工作。像打印上司交代的文稿、装订材料、核对账目这样的工作，员工如果做得相当熟练了，管理者可以将他们的办公桌和工作台放置在任何人都可以看到的地方，或让许多人在一起工作，这样就能够提高工作效率。如果需要完成的是一件技术难度很高的工作，或是解决一个非常复杂的问题，需要当事人集中精力思考，就不应该让他感觉到有人在注视他，这样才能提高工作效率。

Q15

东摸摸，西摸摸，火烧眉头才做事？

——最后通牒效应

Ⓧ：我觉得把时间逼到最后几分钟的时候，我做事的效率最高。

Ⓞ：其实时间越逼近越容易做错事，有这错觉是因为“最后通牒效应”！

请看此例：

1998 年 3 月，NBA 劳资双方就劳资协议进行新的谈判，老板们希望就联盟的工资帽体系以及球员的薪资上限进行调整，然而球员工会对于老板们的计划坚决反对，他们希望可以增加那些底薪球员的薪金水平。双方最终谈判破裂，联盟开始停摆。停摆从 1998 年 7 月 1 日持续到 1999 年 1 月 20 日，这也导致 1998—1999 赛季每支球队只打了 50 场比赛。这场劳资纠纷致使 NBA 一度停办，球员和老板们谈判了将近 6 个月，彼此都损失了大笔的美元。最终，资方下了最后通牒，才解决了冲突，促使双方达成协议。

许多拖拉者都有一个错误的观念，就是认为在重压之下，会表现得更出色。许多人说：我总是故意把事情推迟到最后一分钟，因为我喜欢在压力下工作。只有当截止日期临近的时候，我才能够达到最高的效率，那样我就会花费更少时间，并产生更好的创意。我不会因为拖拉而受损失，它反而会让我做得更好！

其实这是自欺欺人。心理专家指出：在压力下，人们的表现只会更差，而不会更好。著名作家金庸就曾表示：对自己在交稿压力下创作的作品感到不满，因为觉得那些作品没有发挥出他应有的水平。

试想，如果你面临的是重要的大型项目，而你指望在期限到来之前再把任务完成，可是如果在最后期限到来时生病了怎么办？或者突然接到了新的任务怎么办？或者，你突然发现该项目所需要的时间比你预期的要长，又该怎么办？情况往往是这样：当你一直拖延一个项目，直到最后截止日期的时候，你会发现时间不够，结果只能错过截止日期，或者敷衍了事。

比如，你是一名大学生，把论文拖到最后期限即将到来时才赶着完成，你很可能因为时间不够，无法写出高质量的论文。因为写论文前需要查阅大量数据，时间不够的话，你可能就要省略这些工作；而且你无法斟酌自己的一些想法，也无法确保数据的准确性，也没有时间对论文进行润色。

一味拖延，往往使人们不得不为一个任务投入更多时间。超负荷工作会使你身心俱疲，思维模糊不清，结果一件事本来只需要几分钟就可以解决，却可能占用你几小时的时间。

最后通牒效应（Ultimatum Effect）

最后通牒效应是指对于不需要马上完成的任务，人们往往是在最后期限即将到来时才努力完成的情形。

在从事一些活动时，总觉得准备不足，能拖就拖；但在不能拖的情况下，例如，不允许继续准备或已到了规定的时间，基本上也能完成任务。这种情况叫作最后通牒效应。

小测验

你计划与控制的能力如何？

1. 计划的能力

（1）在工作上和非工作上，你会进行长远规划吗？

（2）对于工作，你是否至少在一个星期以前就筹划完善，知道做什么和如何做？

（3）你熟悉计划的技巧和计划的评估术吗？

（4）当你被指定从事某一专门工作时，在开始动手之前，你能详尽地规划你的工作方法吗？

（5）你常常在规定时间内完成工作吗？

2. 控制的能力

（1）你现在的工作是否符合工作部门的时程表与计划？

（2）你知道如何遵行本部门的报告系统吗？

（3）你知道整个单位的报告制度是如何运行的吗？

（4）你会将自己的工作划分为几个部分，并为每一部分建立标准吗？

（5）你是否定期检查工作成绩？

（6）你知道如何进行数据处理以及它在你的工作部门所占的地位吗？

（7）你有提醒自己在一定时间完成工作的制度吗？

上面的问题，回答“是”越多，表明你越具有计划与控制的能力。

Q16

背前忘后，记一件事忘了三件事

——过度学习效应

Ⓧ：反正我就是天生记忆力不好呀，怎么记都不会记得。

Ⓞ：因为你没有试过“过度学习效应”，才会这样觉得！

请看此例：

一年级（一班）在班会时请同学来分享他们的读书秘诀。在一片热烈的掌声中，被同学们称为“小神童”的小雪，神采奕奕地走上了讲台。

大家都说我聪明，其实不然。我学习靠的也是不断地复习和练习，只不过，我的学习方法和大家有些不一样。很多同学都奇怪，我用来背诵单词、课文的时间可能比大家都要少，为什么我能记住所学的内容，并且不容易忘记，考试前也不用费很多精力复习，就能取得好成绩？其实，我的方法很简单，只有四个字：及时复习。

就拿英语来说吧，在一节课就要结束的时候，我会用几分钟的时间大致总结一下本节课的内容，做到基本上理解，能记住多少就记住多少。晚上睡觉前，我会用大约 5 ~ 10 分钟的时间背诵当天学过的单词或课文；第二天早上，我会再用 5 ~ 10 分钟的时间试图回忆并背诵这些内容。两个 10 分钟并不很长，但我已经完全掌握了所学的新东西。到晨读的时候，我会进一步复习，直到背得滚瓜烂熟。两三天后、一星期后、三星期后，我都会再一次复习这些内容。

同学们可能会吃惊，复习这么多次，要用多少时间啊！其实，每次复习只需用几分钟的时间，学习起来很轻松。就这样，重复的次数多了，就不容易忘记。

这个例子说明，及时地复习所学的知识，可以在记忆方面达到事半功倍的效果。

著名数学家华罗庚小时候也擅长这个方法。表面上看来，别人用一天时间学完的东西，他要学好几天。但是他总是坚持把问题弄得一清二楚，把需要记住的东西全记下来。奇怪的是，过了一段时间，别人几天才能学完的东西，他用一天就能学完，而且掌握得比别人更好。

达到这样的效果，也是因为及时地温习所学的东西。

可是许多人并不是如此，他们平时不复习所学到的知识，到了应用时才临时抱佛脚，加班加点复习。“考试时仓促填塞的知识，如果不通过进一步的学习进行巩固，并随时进行充分复习，是会很快被遗忘的。”（赫尔曼·艾宾浩斯，1850）等他们需要再一次应用这些知识的时候，还需要再来一次加班加点的“头悬梁”、“锥刺股”的痛苦复习。

为什么许多人不愿意复习，而是喜欢一味地追求新知识?可能是因为复习旧知识使人感到枯燥，好像是在咀嚼已经吃过的馒头，没有味道。有人说：“马儿不吃回头草，它们总爱吃前面的嫩草。”

其实，复习是温故而知新，温故是形式，知新才是目的，要在追溯陈旧中，发掘新意。

当然，达到知新，不能依靠机械的重复、简单的记忆，每次重复应该有不同的角度、不同的重点，这样每次重复才会有不同的感觉和体会，才会获得更深的认识。知识的学习，就是在这种不断地重复中升华的。

过度学习效应（Overlearning Effect）

过度学习效应是由德国著名的心理学家赫尔曼·艾宾浩斯提出的，主要含义是：一个人要掌握所学的知识，一定要经常提醒自己通过反复练习，才能得到巩固。也就是指，人们对所学习、记忆的内容达到了初步掌握的程度后，如果再用原来所花时间的一半去巩固强化，使学习程度达到150%，将会使记忆得到强化。

小知识

在放松中复习记忆

也许在生活中，你会为自己的记忆力欠佳而苦恼，也许你因为记不住别人的名字而遇到过人际交往的尴尬。那么试一试过度学习理论的方法吧！不妨把你需要记住的人名写在一张纸上，每隔三天，就在早上看一遍，温习一遍。试一试，过两三个礼拜，你是否已能够熟记这些人名了？这样当你碰到认识的人时，就可以很快叫出对方的名字，从而引起对方的好感。对于需要和许多人打交道的销售员等职业来说，这个能力就更加重要了。

Q17 下定决心破釜沉舟还是失败？

——反馈效应

Ⓧ：因为我这个人的意志力很薄弱呀。

Ⓞ：因为你没有善用“反馈效应”！

请看此例：

心理学家赫洛克做过一个实验：他把被试者分成4个组，在4个不同诱因的情况下完成任务。第一组为“激励组”，每次工作后予以鼓励和表扬；第二组为“受训组”，每次工作后对存在的一些问题都要严加批评和训斥；第三组为“被忽视组”，每次工作后不给予任何评价，只让他们静静地听其他两组受表扬和挨批评；第四组为“控制组”，让他们与前三组隔离，每次工作后也不给予任何评价。结果是：成绩最差的是第四组（控制组），“激励组”和“受训组”的成绩则明显优于“被忽视组”，而“激励组”的成绩不断上升，学习积极性又高于受训组，受训组的成绩则有一定波动。

这些实验都证明：及时对活动结果进行评价，也就是把活动的情况及时回馈给自己，能增强活动的动机，对活动起到促进作用。

一般来说，自己进行的主动回馈要优于别人的回馈。我们研究以往的成绩，往往可以发现目前工作进行的问题点，然后我们要做的，就是解决这些问题。

目标和现实之间，往往会存在许多差距。譬如，下定决心今天办 5 件事情，往往会因为各种阻碍，使原定的 5 件事情变成 4 件事情、3 件事情。而且，无论计划得多么完善，在现实生活里总是无法完全按照原计划进行，就算考虑再三，也经常会有意想不到的事情发生，使原定的计划被搞乱。

想办法弥补目标和实际的差距是很重要的。也许这些差距是永远也没办法填补好的，但逐渐缩短其中的差距一般是可以做到的，在这些差距里面，就隐藏着自己发展的可能性。

譬如，有一个业务员始终无法提高业绩。这时，他回想以往累积下来的业绩，从中找出了一些诸如应对能力不行、准备方法不足之类的问题。而他过去毕竟完成了一些业绩，因为克服了应对不行、准备不足之类的缺点，就获得了更进一步的发展。相反，如果他不检讨自己过去的成绩，放弃自己的工作，就不会发现这些问题，会使原本可以更上一层楼的工作变得没有进展。

所以在达成目标的过程中，检讨过去完成的成绩是很有必要的。我们应该把自己的能力客观化，作为一种标准，以分析实际表现和目标之间的差距。比如，可以制订工作进度表，使实际表现和目标之间的差距一目了然。

要成为一个高效率的人，应养成习惯，每周日晚上检讨一周的工作进度，重新审视个人目标与最近公司各项目标计划，思考更佳的方案，用心拟定安排下一周的工作计划。更进一步，最好能养成填写每日工作日志或是成果检讨日报的习惯，可以每日立即检讨计划执行状况，同时立即修正计划，第二天立刻倾尽全力去做，让每一天都充满效率。

反馈效应（Feedback Effect）

反馈效应是指及时对活动结果进行评价，能强化活动动机，对工作起促进作用。

反馈原来是物理学中的一个概念，是指把放大器的输出电路中的一部分能量送回输入电路中，以增强或减弱输入讯号的效应。心理学借用这一概念，以说明学习者对自己学习结果的了解，而这种对结果的了解又起到了强化作用，促进了学习者更加努力学习，从而提高学习效率。这一心理现象称作「反馈效应」。

小知识

及时掌握信息回馈，可使你立于不败之地

一般来说，有回馈比没有回馈效果要好得多。而且，实时回馈比远时回馈所产生的效应更大。

在工作中也可以用到这个方法。要达到目标，首先需具有初步计划，才能付诸行动，再经观察追踪，修正计划再行动，最后必能命中目标，完成任务。不断地回馈，才能不断修正自己的计划，使之更加合理，从而达到理想的效果。

Q18

很认真学还是学不会？

——自我参照效应

Ⓧ：反正我对这件事原本就没兴趣！

Ⓞ：只要善用“自我参照效应”，学什么都有趣。

请看此例：

有一个心理学实验是这样子的，试验者让被试者看一则照相机的图片广告，然后分别问他们三个问题：这张图片有没有红色？这是什么？你用过这种产品吗？过后，让被试者回忆照相机的牌子。结果，被问过第三个问题的人回忆得最好。这是因为，第三个问题与人自身有直接的联系，也就能引发人们更加认真地观察这台相机，从而记住更多的相关信息。

自我参照为什么对学习有促进作用呢？这是因为，人虽然可以通过死记硬背掌握大量信息，也可以通过大量重复练习形成某种技能，但是这样形成的知识和技能不一定扎实。因为如果没有和自己切身有关系的话，知识就不太容易引起我们的重视和记忆。根据记忆的自我参照效应，要想学会某种技能，就要尽量把知识与自己的生活实际结合在一起。这样才能对知识产生浓厚的兴趣，也会记得更扎实。

比如，看英文电影就是学英语的好办法。也许你对英语没兴趣，但是你往往会对引人入胜的电影情节感兴趣。当你迫切想要看明白电影的情节时，就会产生学英语的强烈欲望。类似的，看英文报纸、听英文广播、收看外国的电视节目，都可以起到类似的作用。

读书也是如此。平常我们生活中，读书可以分为两种情形，一种是为了自己的兴趣买书、读书；另一种则是学习、工作需要，不得不读。通常如果是自己想读的书，不必太过要求，也能集中精神，一下子就把书读完；但如果是为了某种目的，非读不可时，就总是提不起劲儿，速度也非常慢。在读书的时候，为了达到更高的效率，我们其实没有必要完全按照作者的安排来读书，不必从第一页念到最后一页，而是可以挑选自己感兴趣也需要了解的知识进行阅读，而自己不喜欢的，则可以暂时略过去不读。这样，依照切身的目的去学习知识，效率就会高得多，也愉快得多。

自我参照效应（Self reference Effect）

自我参照效应是指：在接触新东西的时候，如果它与我们自身有密切关系的话，学习的时候就有动力，而且不容易忘记。

小知识

用得着的知识，学起来就快

反思一下，自己目前所学习的各方面的知识，是否是目前能够应用得上的？自己是否对它们有浓厚的兴趣和急切的求知欲？如果不是，你就要认真地思考一下，目前自己真正最感兴趣的事情是什么，哪些方面的知识是现在应该及时学习和掌握的？

Q19 这也对，那也对，到底什么才对？

——手表定律

Ⓧ：反正我没有分辨是非的能力！

Ⓞ：因为你落入了“手表定律”的陷阱里。

请看此例：

小明的烦恼从高中分文理科的时候就开始了，这些年进入社会，也因为这个烦恼而一直阻挠了他的进步。

十年前，高中分文理科的时候，小明自己有意想报文科。他的文科成绩非常稳定，而且语文成绩尤其不错。小明平时喜欢阅读文学经典，时常练笔投稿，所以作文水平比一般同学高。每次他的作文都被老师当作优秀范文读给同学们听，在同学眼中他是未来的小作家。他期待自己能够读文科，以后可以走上写作的道路。

他把内心的想法告诉了父亲，父亲对他有这样的想法，表示很不理解。他说："学好数理化，将来做科学研究才会有前途。写作不能当饭吃。"在父亲的反对下，小明没有了主意。报名的前一晚，小明思前想后拿不定主意。他觉得父亲的思想虽然保守，但也有一定的道理。他虽然对文科感兴趣，但谁知道将来能不能靠写作养活自己。那一晚特别漫长，因为这件事最后导致他失眠。

最终小明还是听从了父亲的建议选择理科，放弃了喜欢的文科。自此开始，烦恼就一直伴随他。大学毕业后，按照专业分配，他进了一家研究机构，可是他并不喜欢这份工作，对工作缺少兴趣和热情，工作三年一直都没有发展。

在选择自己未来人生的道路上，小明举棋不定，违背自己内心的意愿，选择了并不喜欢的学科，对他以后的人生造成很大的困扰。

其实根据手表定律，我们做人处世，往往只能有一个最高的指导原则。当两个矛盾的价值观念发生冲突，鱼和熊掌不可兼得的时候，我们需要选择最高的那个作为行事的指导原则，而果断地放弃另外一个。如果两个矛盾的价值取向同时存在，同时指导你，会使你的内心陷入严重冲突，最后可能哪一个都无法实现。

要想符合手表定律，就需要有一贯性，要给自己设置一道道德的界限：什么事情是能做的，什么事情是不能做的。凡事预则立，不预则废，如果心里早有原则和定见，做事的时候就不至于违背自己本意或良心。比如：某人求你做一件事情，给你一笔小钱。如果你预先没有主见，没有原则，很可能稀里糊涂地就接受了，可是事后却又感到后悔，觉得不愿意为了钱而做这件事。这时可能不知道该如何挽回，因为如果还钱给对方，又显得反复无常，而你不想树立这样的形象。因此，最好的办法就是平时给自己规定：什么是自己能够接受的、什么是自己不能够接受的，那么事情发生时，我们就知道按照怎样去做了。

所以，我们必须要有原则。面对人生的重大选择，我们应该有明确的衡量准绳。

在这个世界上，许多好东西都是不可以兼得的。《红楼梦》里薛宝钗说过一句富有哲理的话：这世间少有富贵闲人，因为富贵了就不可能清闲，清闲了也就无法富贵。在今天的社会也是如此。你得到这样的同时，就不得不放弃另外一样。重要的是，在两种东西发生冲突的时候，我们要知道哪一个对我们是更加重要的。这样就可以做出正确取舍，无怨无悔。

手表定律（Watch Law）

手表定律是指一个人有一块表时，可以知道现在是几点钟，当他同时拥有两块手表时，却无法确定。两块手表并不能告诉一个人更准确的时间，反而会让看表的人失去对准确时间的判断。

小知识

重要和紧急之间的抉择

我们在工作和生活中常常会在重要和紧急之间感到矛盾，左右为难，那么在它们之间，我们应该如何抉择呢？根据手表定律，它们之中哪一个才是更加重要的原则呢？

总的来说，在学习、生活中，一共有四类事务：

1. 紧急且重要；

2. 紧急，但不太重要；

3. 重要，但是看起来不紧急；

4. 不重要，也不紧急。

当然，每个人都会赞成紧急而且重要的事是应该首先处理的。问题是接下来该处理哪一类——是第二类还是第三类呢？

有许多人接下来会去做第二类看来紧急，但不太重要的事，整天穷忙却收获不大。其实，为了效率起见，与第二类相比，更要紧的是第三类事，即重要但是看起来不是很紧急的事。也就是说，总的来看，重要应该是比紧急更优先的原则。这样取舍，我们才能获得更高的效率，取得更大的成果。

Q20

我每次想东西都不够周全？

——格式塔理论

Ⓧ：因为我这个人就是“粗枝大叶”呀。

Ⓞ：使用“格式塔理论”就可以避免遗漏。

请看此例：

宋真宗大中祥符年间，京城汴梁发生过一场火灾。一夜之间，大火把整个皇宫化为废墟。灾后，真宗皇帝令丁渭主持修复皇宫的工程。当时要完成此项大工程困难不少，例如，取土不易、运输不便、废墟难清理，等等。对此，丁渭做了通盘谋划：他先下令挖宫前的大街取土，不几天，大街被挖成一条大沟；他又下令把汴河水引入大沟，以解决运输问题；皇宫修复后，他又下令将原来废墟所留下的瓦砾垃圾填入沟中，重新使大沟成为平地。归纳起来，丁渭的做法是：挖沟——引水——填沟。结果，不仅省费以万亿计，而且大大加快了工程的进度。

格式塔心理学认为，人对事物的认识具有整体性，心理和意识并不等于感觉元素的机械相加，因此主张从整体的角度来研究整个心理现象以及心理过程。

格式塔理论在心理学领域的影响很大。它能够说明我们从整体去认识事物，避免只见树木，不见森林的片面性的错误。

其实，我们的各种心理活动几乎都要遵循格式塔理论。比如，你研究一个历史事件，就不能孤立地研究这个事件本身，还要着眼于它所处的时代，了解它发生的背景，这样才更容易掌握它的意义和价值；还比如，我们读一篇文章，不能只关注文章的各个段落和章节，还要把握段落和章节间的逻辑联系，这样才能更好地理解文章的思想。

在我们思考问题时，也需要运用格式塔理论，从整体上思考，进行系统化思考，全盘考虑事情的背景及与其他部分的关联，这样才能了解事物的全貌。

比如，我们身体的哪个部位生了病，可能认为只有吃药才能治好病，其实头痛医头、脚痛医脚往往不能解决根本问题。因为身体是一个整体，不同部位之间存在着有机的联系，因此，根据格式塔理论，我们应该从身体的整体去考察健康状况。一般来说，身体的疾病往往是由有害健康的生活方式引起的，如吸烟、喝酒、不良的饮食习惯、缺少运动，等等，因此疾病的根本解决之道应是改掉这些不良的习惯。使用药物也许能暂时缓解症状，但是却不能解决根本问题，甚至可能带来副作用。因此，用格式塔理论来分析我们的健康，就要首先重视养生保健，避免疾病的发生，这样要比发生了疾病以后再吃药治疗对我们更有好处。

在工作中，我们也需要学会系统化思考，用格式塔理论来解决问题。在遇到问题的时候，要尽量从事情的整体去考察，而要避免只见树木，不见森林的片面性的思考。

当然，事物的整体并不是自动显现在我们眼前的，因此有时候需要我们做一些整理工作，才能把单一的事项串联成一个整体。比如，我们可以用系统树的方式，把整体的关系做成树状分布，而使所有的关系一目了然。

比如，在我们拟定一项计划的时候，可以先想想：什么是非做不可的？接着：需要多少人手？多少器材？多少预算？然后：决定如何保有必要的人手、器材？怎样和经理交涉，以获得足够的预算？人手如果不够，是否需要雇佣兼职人员？如何聘雇？……这样，把每一个环节列为工作的分支，然后掌握全盘状况，再考虑：在推行计划时会遇到什么问题？该如何处理？等等。这样设想，整个工作计划就比较容易完成。

另外，格式塔理论对管理者也是有所启发的。作为管理者应该明白：集体的力量并不等于个体力量的简单相加，它还取决于集体中个体之间具有怎样的联系。拿破仑曾有一段关于骑兵的论述，揭示了这个道理：两个马木留克兵（最强悍的骑兵）可以对付三个法国兵，因为他们有好马，擅长骑术并且武器完备。但是，一百名法国骑兵就不怕一百名马木留克兵，一千名法国骑兵则能击溃一千五百名马木留克兵。就是说，马木留克兵的单个作战素质虽然比法国兵强，但组合起来作战时，却不如法国兵，可见战术、队形和机动性所起的作用是多么的大呀！这就是说集团军的战术、队形和机动性产生了一种新的力量，这是与集体、集团如何组合有着直接关联的。

可见，对于任何集体来说，其力量的大小不仅取决于它的每个成员的力量大小，还取决于它的管理者怎样组织这个集体，它的成员之间具有怎样的联系，它的凝聚力如何等等。组织得好，可以产生 $1+1>2$ 的效果，反之，则会产生 $1+1<2$ 的效果。这是管理者必须注意的。

格式塔理论（Gestalt Theory）

部分相加不等于整体，整体要大于部分之和。

小测验

工作中，你把握整体目标的能力如何？

1.你知道你的工作对组织整体目标的贡献吗？

2.你知道其他部门在整个组织上的功能吗？

3.你知道其他部门在整个组织上的相互关系吗？

4.你肯让你的上级知道会影响部门成效的一些事情吗？

5.当其他人员协助改进你的工作或部门时，你会与他们合作吗？

6.当有分外工作时，你心甘情愿去做吗？

这几个问题，回答“是”越多，越证明你具有把握整体目标的能力。

Q21 我总是无法下决定？

——布利丹效应

Ⓧ：因为我生性优柔寡断。

Ⓞ：其实是“布利丹效应”的效果。

请看此例：

有一个人设置了一个捉火鸡的陷阱。他在一个大箱子的里面和外面撒了玉米，大箱子有一道门，门上系了一根绳子，他抓着绳子的另一端躲在一处，只要等到火鸡进入箱子，他就拉扯绳子，把门关上。有一次，12 只火鸡进入箱子里，不巧 1 只溜了出来，他想等箱子里有 12 只火鸡后，再关上门，然而就在他等第 12 只火鸡的时候，又有两只火鸡跑出来了，他想等箱子里再有 11 只火鸡，就拉绳子，可是在他等待的时候，又有 3 只火鸡溜出来了，最后，箱子里1只火鸡也没剩。

心理学家认为，人在办事时所表现的这种拿不定主意、优柔寡断的心理现象，是意志薄弱的表现。

人们说，“条条大路通罗马”。问题是，我们在前往罗马时，只能选择一条路线。我们要走的那一条路线，不论是翻山越岭，还是大路通天，还是涉水游江，还是水陆交替……我们只能选择其中的一条路线。虽然条条大路都能通罗马，但我们只能择其一而行之。

人的果断性是以自觉性和深思熟虑为前提，以大胆勇敢为条件，是意志坚强者的一种优良品质。

当然，果断不是武断。要想养成果断的品质，你先要学会分析，把一个问题分析清楚，然后遵循几个大原则，果断做出决定！第一，要搞清楚问题的原因；第二，要搞清楚你的目的或想要达到的解决效果；第三，搞清楚有多少种解决办法；第四，搞清楚哪种方法有条件做到。把这四条搞清楚，分析一下第三和第四条的方法有多少，其中每一条都会带来什么负面影响，然后看看有没有不会造成负面影响的。如果有，就选它；如果没有，那就遵循“两利相权取其重，两害相权取其轻”的原则，选同样对你有好处的几个办法中好处最大的，或同样对你有坏处但坏处最小的那个选项。

布利丹效应（Blidan Effect）

14世纪，法国经院哲学家布利丹在一次议论自由问题时讲了这样一个寓言故事：一头饥饿至极的毛驴站在两捆完全相同的草料中间，可是它却始终犹豫不决，不知道应该先吃哪一捆才好，结果活活被饿死了。由这个寓言故事形成的成语「布利丹驴」，被人们用来喻指那些优柔寡断的人。后来，人们常把决策中犹豫不决、难做决定的现象称为布利丹效应，又称布利丹之驴、布利丹选择或布利丹困境。

小测验

你的决断能力

如果你偶然得到一千元的奖金，如果买一件很需要的大衣，钱不够；如果去买一双不急需要的运动鞋，则又多了数百元，你会怎么做?

1.自己添些钱把大衣买回来。

2.买运动鞋再去买些其他的小东西。

3.什么都不买先存起来。

答案是：

1.买大衣：你的决断力还算不错，虽然有时也会三心二意、犹豫徘徊，可是总是在重要关头做出决定，比起普通人来说已经算是杰出的了！你最大的特色是做了决定不再反悔。别太高兴，并不是因为你的决定都是正确的，而是因为你好面子，错了也不肯承认。

2.买运动鞋：你是标准拿不定主意的人，做事没主见，处处要求别人给你意见，你很少自己做判断，因为个性上你有些自卑，不能肯定自己，你这种人一定曾经受过某些心理伤害，或者周遭的人物太优秀了，因此造成你老是有不如人的感觉。

3.什么都不买：你是判断力超级强的人，不客气地说，你甚至有点莽撞，就是因为你冲动率直的个性，反而考虑不够周详，你常常后悔自己匆匆做决定，忽略了其他事情。

Q22

每次事情我都要做到一百分，认为这样才好？

——满意化原则

X：因为我是一个追求完美的人。

O：遵循“满意化原则”才有最好的效果。

请看此例：

上企业管理课程时，经常需要分组做报告。有一个组里有一个完美主义的信徒兼工作狂——小江，从此大家便开始了痛苦的合作过程。他们组做的东西，他几乎从没有满意过，总要带回家去加工一番。开始，大家都对他这种态度很不理解，每个人对他的评价都是：他以为他是天才还是超人？久而久之，大家对于自己所写的部分已经处变不惊了；还有些人干脆连写都不想写，全都丢给小江这个工作狂去做。直到要开始准备口头报告时，大家才发现有点不对劲儿，怎么我们的报告还没写完呢？问他时，他说："我觉得第一部分还不够好，还需要做一些修改。"全组人员一听到他还徘徊在第一部分的时候，吓得当场一致决定下课后一起完成这份报告。虽然按时完成了，但却是几个人熬了三天三夜才赶出来的，疲惫不堪不说，由于赶工的结果，报告没有达到预期的质量。

追求完美和最优化，是很多人都容易犯的一个毛病。就跟洁癖一样，明明很干净了，却仍然觉得脏。这样的人总是认为，事情要做到满分才是高效率的表现。但事实恰好相反，有时候太专注于一个点，往往会牺牲掉整个面。如果用 3 个小时可以把一件事做到满分，但也可以利用这么多时间去做 3 件 75 分的事，你会选择哪一样？如果你是个讲究效率的人，一般应该选择后者。

当然，"完美"这个乌托邦式的假想，是促进古往今来世界上许多人追求美好事物的源源动力。但是世上并没有完美的东西，就连科学赖以发展的公理也总是有着某某假设、某某前提。

完美不是一个适用于人类的概念，我们不必为自己设定这样荒谬的标准。为了更高的效率，我们应改变观念，做事情应该求佳不求优，也就是奉行满意化原则，而不是最优化原则。在做事过程中，设立的目标实际一些，精神压力和受挫感就不会那么大，获得成功的信心就强些，自然也就更有能力和创造力。你也许会发现，不执求一篇杰作，倒能创作出数篇佳作来。那么，怎样奉行满意化原则去做事呢?

首先，不要为自己预留太充裕的时间去完成一件事，最好维持在那种吃不饱又饿不死的忧患意识中，这样你就不会有太多的闲时去管闲事。当然，也不要把时间排得太紧太满，否则会因为压力过大而危害健康。

其次，不要总拿自己和那些出色者做比较，他们虽然在业绩上比你强，但不见得样样都比你强。每个人都有自己的优点，应该量力而行。假如你把时间都浪费在无法取胜的事情或无法击败的对手上，你失掉的东西会更多。如果大部分人都只能做到 80 分，那你也做到 80 分也就可以了；把做另外 20 分的精力省下来，可以做很多别的事情。

满意化原则（Satisfaction Principle）

寻找能使决策者感到满意的决策方案的原则，即对于各种决策方案，决策者不是去探索能实现最优效果的决策方案，而是如果有了能满足实现目标要求的方案，就确定下来，不再继续进行其他探索活动。

小测验

你是否是个完美主义者?

1. 当你工作的时候，别人说话或打岔时你的注意力是否会被破坏，并且由此你感到恼怒?
2. 当你在计划购物时，你是否不想理睬对你促销的人，而是去找一些你需要的信息然后再做定夺?
3. 你是否对那些随随便便的人感到非常厌恶，并且暗自批评他们对自己的生活太不负责?
4. 你是否不停地想，某件事如果换成另一种方式，也许更加理想?
5. 你是否经常对自己或他人感到不满，因而经常挑剔自己所做的任何事或他人所做的任何事?
6. 你是否经常对自己的服装或居室布置感到不满意而时常变动它们?
7. 你是否经常认为干任何事都应是全力以赴的，却又常常希望你自己能够再轻松些?
8. 你是否不断地因为别人没能一次就把事情做好，而亲自去重做这项工作?

这些问题，若你都回答“是”，无疑你与完美主义者相去不远。

Q23

选择越多，成交机会越低？

——霍布森选择效应

Ⓧ：因为现在消费者都没有判断力。

Ⓞ：不是没有判断力，是落入了“霍布森选择效应”。

请看此例：

美国哥伦比亚大学、斯坦福大学的科学家们曾做过一个实验。在加州斯坦福大学附近的一家食品种类繁多的超市，工作人员设置了两个食品品尝摊位，一个有6种口味，另一个有24种口味。结果显示：有24种口味的摊位吸引的顾客较多，242位经过的客人中，有60%会停下试吃；而260个经过6种口味的摊位的客人中，停下试吃的只有40%。不过最终的结果却出乎意料：在有6种口味的摊位前停下的顾客中，30%都至少买了一种产品，而在有24种口味摊位前停下的试吃者中，却只有3%的人购买东西。这证明，人们面临过多的选择时，容易无所适从，无法做出满意的选择。

现在我们知道，选项太少不利于做出合理的决定，但是反过来，如果选择过多，也同样不利于做出最好的决定。因为太多的东西容易让人游移不定，拿不准主意。

比如，在生活中，我们大多有这样的消费经验：太多选择会令我们无所适从，为避免为难，往往会随意做出决定，或者干脆不做任何决定。前面所述的实验就是这样的情况。

随着选择数量的增加，人们开始感到难以招架，同时感到做出错误决定的风险也随之增加，促使他们不愿做出任何决定。或者说，选择过多降低了购买的满意度，让消费者更加焦虑、更加不能从购买过程中获取快乐。从心理学和经济学的角度来看，选择过多隐含着一些风险，比如，机会成本会提高，使用者会忧虑错误选择带来的后果，选择过多会直接带来服务满意度的下降。

这就是选择的作用。人们在面对一个问题的时候，如果只有一个方案，就无法对比，也就难以辨认其优劣。没有选择的决定是被迫的，无法发挥主观能动性。没有选择余地的决定就等于无法判断，等于扼杀创造。在这里，生活的辩证法正如一句格言所说的：如果你感到似乎只有一条路可走，那很可能这条路就是走不通的。

因为事物在发展中，始终面临着多种选择、多种方向。美国著名管理学家杜拉克在谈到怎样避免决策失误的问题时指出：决策是一种判断，是若干项方案中的选择。没有若干项方案，也就无从抉择。而没有抉择，也就无所谓决策。同时，提出若干项方案，不仅可以比较优劣，而且当客观形势发生了变化，原方案已不适用时，决策者可以胸有成竹、有备无患地拿出第二个、第三个方案来，而始终处于主动地位。

在多个选项中进行选择，需要注意：（1）当想出了解决问题的某个办法时，不要急于采取行动。因为已想出的这个办法不见得是恰当的办法，如果仓促地付诸实施，很可能带来不良的后果。人们的经验表明，最先想到的办法往往并不是最好的办法。（2）再想想有没有其他的或更好的办法。一般来说，只有从多中才能择优，想出的办法太少，自然也就难以择出优来。多想一些办法除了有利于择优，还有助于我们少走弯路，避免或减轻不必要的损失。（3）从不同的角度比较已想出的各种办法的优劣。这里，善于比较是关键。

霍布森选择效应（Hobson Choice Effect）

1631 年，英国剑桥商人霍布森从事马匹生意，他说，你们买我的马、租我的马，随你的便，价格都便宜。霍布森的马圈大大的、马匹多多的，然而马圈只有一个小门，高头大马出不去，能出来的都是瘦马、赖马、小马，来买马的左挑右选，不是瘦的，就是赖的。霍布森只允许人们在马圈的出口处选。大家挑来挑去，自以为完成了满意的选择，却没发现这个陷阱。

小知识

漫无目标地做事，只会浪费更多的时间

回想一下，自己在做选择的时候，一般选项是过多、过少，还是适度？譬如，你在超市买一种商品时，一般在挑选上要花多少时间？再根据你的收入水平算一算，你的每个小时值多少钱，每分钟值多少钱？然后你就知道自己在买生活用品时，所花费的挑选的时间是否值得。如果你发现自己花费了过多的时间，那么在今后购物的时候，请限定自己挑选商品的时间，这样才能避免把时间浪费在挑选商品上面。

Q24 热衷成功的人比较容易成功？

——成就动机高

Ⓧ：反正他们就是急于成功。

Ⓞ：其实是“成就动机高”的人比较容易成功。

请看此例：

20世纪二三十年代的时候，美国陷入了严重的经济危机，康拉德·希尔顿连同他的酒店也陷入了困境，债主不断向他催债。有一天，康拉德·希尔顿偶尔看到了沃尔多夫酒店的照片：6间厨房、200名厨师、500位服务生、2000间客房，还有附属私人医院与位于地下室旁的私人铁路。他就把这张照片剪下来，在上面写上“世界之最”，无论走到哪里，都带着这张照片，开始时放在皮夹里，后来他有了书桌后，就放在玻璃板下。18年后，即1949年10月，希尔顿终于买下了沃尔多夫酒店。

著名心理学家麦克利兰曾设计过一个情境，来测验一个人的成就动机大小。假设有人让你在一个无人屋子里，独自一个人玩套圈的游戏，你可以自由选择起点位置，那么你是选择距离目标很近的位置，百发百中，还是选择距离目标很远的位置，鲜有套中者，还是选择距离目标适中的位置，约有一半次数套中目标呢？而这些选择又都意味着什么呢？

麦克利兰告诉我们：如果你选择前两者，即距离目标很近或很远的位置，就说明你是成就动机较低的人。你做事情是为了避免失败，确切地说，是为了避免失败带来的负面情绪。因为距离很近，绝不会失败；距离很远，别人也成功不了，自己也不会因失败而被别人瞧不起。

相反，如果你选择最后一种做法，就是距离目标适中的位置，则表明你是一个成就动机较高的人。你不断地在自己的最近发展区内挑战自己，追求可能的成功。你做事不是为了做给别人看，而是追求自我超越、自我成长。

一个人的成就动机水平决定着目标的选择和实现目标所采取的策略，决定着你是追求极高的目标而不怕冒险，还是墨守成规、稳妥至上。高成就动机者往往喜爱捕捉大目标，放弃一些小目标，一旦面临真正值得追求的目标他们会无所畏惧、勇于冒险。在竞争的情况下，高成就动机者也会有出色表现，他们的毅力比低成就动机的人来得更长久。

成就动机（Achievement Motivation）

成就动机是指一个人所具有的试图追求和达到目标的驱动力。

麦克莱伦认为，各人的成就动机都是不相同的，每一个人都处在一个相对稳定的成就动机水平。阿特金森认为，人在竞争时会产生两种心理倾向：追求成就的动机和回避失败的动机。

小测验

成就动机量表

请根据自己的实际情况用下面给的不同分数对自己做出评价。

5 = 非常同意，4 = 有些同意，3 = 既不同意也不反对，2 = 有些反对，1 = 非常反对。

1. 工作

（1）对我来说，尽自己最大努力把工作做好非常重要，哪怕别人不这样想。

（2）只要我尽了自己最大的努力，我对自己的工作就会感到满意。

（3）对于完成得很好的工作我就会感到满意。

（4）对于胜过自己从前的工作表现，我会感到满意，哪怕我并没有超过别人。

（5）我喜欢努力工作。

（6）我的快乐部分来自于改进自己的表现。

2. 控制

（1）我更愿意做一些能让我感到有信心及放松的事情，而不愿做那些有挑战性和困难的事情。（负向积分）

（2）当我所属的团体正在计划一项活动时，我愿意亲自策划，而不只是协助别人或是完全由别人组织。

（3）我愿意学一些容易有趣的游戏，而不愿学那些费脑子的游戏。（负向积分）

（4）如果我总是学不会某种东西，我愿意继续努力，直到学会，而不会停下来去学容易的东西。

（5）一旦我接受了某种任务，我就会坚持到底。

（6）我喜欢那种需要较高技巧的工作。

（7）多数情况下，我会接受那些不能确定我能否干好的任务，而不是那些我确定能干好的任务。

（8）我喜欢忙碌充实的感觉。

3. 竞争性

（1）我喜欢在有竞争对手的环境中工作。

（2）在某项任务中表现得比别人好对我来说很重要。

（3）无论在工作中还是在游戏中，获胜总是重要的。

（4）当别人的表现比我好时，我感到气恼。

（5）当我与别人竞争时，我更加努力工作。

你的分数就是这三个部分的各个题目的分数之和。

Q25

有金钱奖励，反而无法引起我的兴趣？

——德西效应

❌：因为金钱于我如浮云。

⭕：此时“德西效应”起了作用。

请看此例：

心理学家德西在1971年做过一个心理实验。

他让大学生做被试者，在实验室里解答有趣的智力难题。实验分成三个阶段：第一阶段，所有的被试者都没有奖励；第二阶段，将被试者分为两组，实验组的被试者完成一个难题可得到1美元的报酬，而控制组的被试者跟第一阶段相同，没有报酬；第三阶段为休息时间，被试者可以在原地自由活动，这时去观察他们是否愿意继续去解题，来作为他们喜爱这项活动的程度指标。

实验组（奖励组）的被试者在第二阶段确实十分努力，而在第三阶段继续解题的人数却很少了，这表明兴趣与努力的程度在减弱；而控制组（无奖励组）的被试者有更多人花更多的休息时间在继续解题，表明兴趣与努力的程度在增强。

通过实验，发现：在某些情况下，人们在外在报酬和内在报酬兼得的时候，不但不会增强工作动机，反而会减低工作动机，此时，动机强度会变成两者之差。

人们把这种规律称为德西效应。这个实验结果表明，进行一项愉快的活动（即内感报酬），如果提供外部的物质奖励（外加报酬），反而会减少这项活动对参与者的吸引力。

心理学家认为，兴趣而不是物质奖励，才是做事情更强烈、更持久的动力。兴趣是个体力求积极探究某种事物或从事某种活动的意识倾向，是人对事物的真正关心，而不是表面的关心。它是推动人们去寻求知识和从事某种活动的一种精神力量，一种动力。

人们的兴趣倾向与情绪状态有直接的联系。兴趣使人产生旺盛的求知欲和强烈的好奇心，它们得到满足，会成为精神上的一种快乐。因此兴趣一旦被激发，人们会伴随愉快紧张的情绪和主动的意志努力，去积极地认识事物。兴趣的这个特点，使它对一个人的事业具有无法替代的促进作用。

因此，和外在的报酬相比，内在的兴趣才是我们工作持久的动力，才更容易促使我们做出成就。

那么要保持高效率的工作水平，最重要的就是去做自己感到有兴趣的工作。

人们对自己感兴趣的事情总是愿意倾注巨大的热情，一个平时连一步路也不愿意走的人，为得到他喜欢的一本书，能跑遍整座城市而不觉得辛苦。

研究表明，对自己感兴趣的事物，人们都会产生强烈的积极进取的意念，总是要做得更好一些；而对讨厌的事情，则唯恐避之不及。解决一个很感兴趣的问题时，灵感会源源不断地涌现；而从事一份讨厌的工作时，灵感几乎等于零。

德西效应（Westerners Effect）

在某些情况下，人们在外在报酬和内在报酬兼得的时候，不但不会增强工作动机，反而会减低工作动机。此时，动机强度会变成两者之差。人们把这种规律称为德西效应。这个结果表明，进行一项愉快的活动（即内感报酬），如果提供外部的物质奖励（外加报酬），反而会减少这项活动对参与者的吸引力。

小知识

金钱以外的吸引力

走近网络巨头 Google 公司的总部，人们会发现这里丝毫没有大公司那种紧张严肃的气氛，所有的员工看上去都很放松。他们享受着许多公司所不具有的特别待遇，比如，可以在公司里接受免费的按摩，可以打乒乓球、游泳或者到一间冰激凌店里去小憩一会儿，还可以免费吃到由大厨用有机原料做的饭菜。不仅如此，雇员们还被鼓励将其五分之一的工作时间用于任何形式的户外活动。这种休闲甚至散漫的工作状态，在一些批评者看来是网络泡沫经济的显著表现，但 Google 却正是靠着这种方式，成功地将一批年轻的技术精英凝聚起来，并使其能量得到最大限度的释放，从而为公司赚得大把钞票。

Q26

我都提不起劲来做没兴趣的事情？

——普雷马克原理

Ⓧ：因为这些事就是没劲儿呀。

Ⓞ：这时就要善用“普雷马克原理”。

请看此例：

亮亮是初一的学生，但仍有许多孩子气的小毛病，比如，爱吃肉不爱吃蔬菜、练小提琴不能持之以恒、作息时间不恰当等。这些问题让他的父母很苦恼。后来妈妈发现亮亮有一些自己的爱好，比如，喜欢玩游戏、上网、踢球、看动画片、喝饮料。于是妈妈想出了一个办法，对他提出下面的要求，写好并贴到墙上：

首先完成：早睡早起。然后可以周末去游乐场。

首先完成：吃蔬菜。然后可以喝饮料。

首先完成：当天的家庭作业。然后可以玩游戏。

首先完成：打扫自己的房间。然后可以出去踢球。

首先完成：洗自己的袜子。然后可以看动画片。

……

当然，旁边还有一张时间表。

亮亮的表现是：第一周完成得比原来好些，但也有完不成的情况；第二周比第一周要更好……到了期末考试时，就已经做得相当不错了。

人的心理是需要鼓励的。打个比方说，当一匹马跑了一段路之后，你就让它休息、摸摸它、喂它吃草，当你下次要再让它跑的时候，它就会很有冲劲。为什么呢？因为努力之后就有奖赏。但是一般人都是怎么做的呢？他们要马跑得快、跑得远，当马已经做到的时候，他们觉得这是应该的，因此没有休息也没有鼓励；当马开始跑得慢的时候，他们就开始责备它，说它不好、不行，但是还是不肯喂它吃草。试想，如果你是那匹马，你会有动力继续跑吗?

再比如，假如你看到体重达 8600 公斤的大鲸鱼跃出水面 6 米，并为你表演各种动作，你一定会发出惊叹，将这视为奇迹。而这只鲸鱼的训练师告诉我们，其中的秘密在于：在开始时他们先把绳子放在水面下，使鲸鱼不得不从绳子上方通过，鲸鱼每次经过绳子上方就会得到奖励，它就会得到鱼吃，会有人拍拍它并和它玩，训练师以此对这只鲸鱼表示鼓励，当鲸鱼从绳子上方通过的次数逐渐多于从下方经过的次数时，训练师就会把绳子提高，不过提高的速度必须很慢，不至于让鲸鱼因为过多的失败而沮丧。

无疑是鼓励的力量，使得这只鲸鱼飞跃过了这一可载入吉尼斯世界纪录的高度。对一只鲸鱼如此，对于聪明的人类来说更是这样，鼓励、赞赏和肯定，会使一个人的潜能得到最大程度的发挥。可事实上更多的人却是与训练师相反，起初就定出了过高的高度，一旦达不到目标，就弄得彼此大感失望。

对于缺乏自信的人来说，鼓励自己尤其有必要。只要自己有一些不错的表现，就应大大地奖赏自己。可以在你完成一些事情之后，问自己一个问题：这个事情我做得怎样？如果你心里面的感觉是不错、蛮好，你就应该奖赏自己。怎么奖赏呢？你可以花钱去买一个自己想要的东西，或者去吃一顿大餐，也可以规划一个假期，只要让你感觉高兴就可以了。但是，给自己鼓励的东西不要太一般。例如说，你平时也会去吃牛排，那么吃牛排就不是一种鼓励。你应该要让自己享受一点平时舍不得的，这才会有鼓励的效果。

当你去享受自己努力的成果时，你可以在心里告诉自己，因为我做得很好，所以，我可以享受这个成果。你也可以不断地对自己说：我真的做得很好！这是一次成功的经验。当你常常这么做的时候，你会渐渐发现自己很有动力去做事。理由很简单，因为做得好就有奖赏，当然愿意努力！

普雷马克原理（Premack Principle）

普雷马克最早提出，利用频率较高的活动来强化频率较低的活动，从而促进低频活动的发生。这一原理被称为普雷马克原理。由于祖母对付孙子常用这种方法，所以又被称为「祖母原则」，即：先吃了你的蔬菜，然后你就可以吃甜点。

小知识

为了提升效率，给自己一点小奖赏

运用普雷马克原理奖赏自己时，要注意：常有人虽设定了成功报酬，却在达成目标前，就先享用了报酬。这样的话，当然无法对我们所做的事情形成动力。这是因为目标过大，不容易达成。为了防止这种缺憾，报酬和目标应该尽量细分。与其以日后种种好处作为报酬，不如以短期内能实现的报酬作为动力，在一点一点尝到甜头的过程中，去达成目标。比如，读完这一章，就打电话给女友；读熟这本参考书，就去游泳；写好这份报告，就去看场电影，等等。

Q27

看电影我有时会觉得浪费钱，有时候不会？

——沉没成本

Ⓧ：因为人的心本来就是不定的。

Ⓞ：因为你没有考虑到“沉没成本”。

请看此例：

公司发给员工每人一张免费音乐会门票，位置在前排中间，价值300元。可是天公不作美，在开音乐会的那天突然下起了一场暴风雪。这场突如其来的暴风雪导致所有公共交通工具都暂停使用，但是音乐会照常进行。你如果要去，只能冒着寒风步行半个小时去音乐厅。请问你会不会去听这场音乐会？再想想，如果这张票不是公司发的，而是你自己花300元钱去买的，你又会不会去听呢？

很多人在第一种情况下都不愿出门，音乐会门票浪费就算了，想想自己的损失也不大；但是在第二种情况下，人们就感觉舍不得，宁愿冒着寒风和交通不便，也要坚持去听音乐会。

关于这个问题，你的直觉可能会告诉你，公司发下来的票是意外的收获，不需要自己掏腰包，这样浪费了也不会太心疼；可是自己辛辛苦苦又排队又花钱去买的票，是付出了不小的成本的。

很多时候我们明知事情已经发生，无法挽救，却偏要去挽救；明知机会已经失去，却偏要感到极度痛苦，在精神上折磨自己，使身体也受到打击。这样做沉没成本就太大了。为了保持高效率，不要因为一件事耽误更多的事情，当一个损失不可避免地发生之后，最明智的态度就是尽快冲掉它，或当它没有发生。

那么为什么自己花了钱买票以后，就有更大的动力去听音乐会呢？这种现象在行为决策理论中被称作是“沉没成本谬误”：人们在决定是否去做一件事情的时候，不仅是看这件事情将会给自己带来的好处和因此引发的成本，而且也看过去是不是已经在这件事情上面有过投入，虽然这些投入已经不能收回了。从这个例子来讲，不管你是不是去听音乐会，门票都已经买了。作为一个理性的决策者，你应该仅仅考虑将来要发生的成本（比如，需要忍受的暴风雪）和收益（听音乐会所带来的满足和快乐）。不管是去还是不去，钱都已经花了，它是个确定的常数，不应该影响我们后面的决策。

行为科学的许多研究表明，正常人往往是亚理性的。我们所说的：既然买了领带，就系上吧；既然买了票，就去听音乐会吧；既然逛了一天街，总要买点东西吧。这些实际上都是想通过这种把事情进行下去的方式来挽回沉没成本。可是你想过没有，你花钱买领带的目的是什么？如果系上领带不能达到这个目的，那还有什么意义吗？真正的回报并不是系上领带或者去听音乐会，而应该是自己开心。如果你系自己不喜欢的领带或者冒着暴风雪去听音乐会，给你带来的是负效应，那么你不仅没有挽回曾经沉没的成本，反而是自己找罪受，招致更大的浪费。

沉没成本（Sunk Cost）

沉没成本是指已经发生或承诺、无法回收的成本支出，如因失误造成的不可收回的投资。沉没成本是一种历史成本，对现有决策而言是不可控成本，不会影响当前行为或未来决策。

小知识

丢掉后悔，你会更快成功

有一位精神病学家，执业多年，他发现在帮助自己改变生活方面最有用的老师是所谓的四个小字。头两个字是“要是”，后两个字是“下次”。他说：我有许多病人把时间都花在缅怀既往，后悔当初该做而没有做的事上，“要是我在那次面试前准备好一点……”或者“要是我当初进了会计班……”要想从中自拔出来也简单，就是在你的词汇里抹掉“要是”两个字，改用“下次”二字即可。应该向自己说：下次如有机会我应该如何做……

Q28

我和他能力差不多
但是成就却差这么多？

——归因论

ⓧ：他只是运气好一点。

ⓞ：因为他受到了“归因论”的影响才获得这么高的成就。

请看此例：

利多·安东尼·李·艾柯卡是美国传奇式的人物。他从少年时代就立志成为一名大企业家，1946年他结束学生生活后，带着父亲给他的50美元来到福特汽车公司报到。经过一次次的失败，他勉强成为福特汽车公司的低级推销员。

然而推销工作也并非一帆风顺，刚出校门的李·艾柯卡非常腼腆。有一次福特公司为宣传汽车安全性能，而推广一种功效奇特的防撞软垫，这种软垫可使从高处扔下的鸡蛋不会撞碎。李·艾柯卡别出心裁地决定不用事先录好的影片，而是当着1000多名观众当场演示。但是李·艾柯卡从高处投下的鸡蛋并没有出现像宣传一样的效果，而是一撞就碎了。李·艾柯卡当众出丑，满脸窘迫，推销活动失败了。他负责的地区成为全公司销售最差的地方，他也因此被降了级。

李·艾柯卡经历挫折后，认为不良后果主要是因为方法不当、努力不够造成的，要想改变这种难堪的局面，只有加倍奋战。于是他决定打破以往的销售常规。通过认真地对顾客心理状况及经济条件的调查，他决定推出新的推销方案——“56买56”：即购买1956年款汽车的人可得到贷款，只需要付20%的首付，余下三年月付56美金。

结果李·艾柯卡一炮打响，新车贷款方法刚一实施就取得了出人意料的成功。李·艾柯卡负责的地区从全公司销售最差一跃成为各区之首，一下子轰动了福特公司总部。

此后，李·艾柯卡步步高升，直到1970年12月10日，他成了福特公司的总裁。

假如，李·艾柯卡当年将挫败归因于推销工作太难（外在归因），而没有坚持下来，那么他也就不会取得后来的成就了。

运用归因论原理来增强人们的坚持性，对取得成就行为是有一定作用的，特别是对从事具有一定挑战性工作的人，其作用更显著。这实际上说明通过改变人的思想认识，可以达到改变人的行为的目的。

比如，当有人问爱迪生在发明灯泡的 1 万次失败期间是怎样坚持下去的时候，他说：在这个过程中他从未失败过，相反，他找到了 1 万种无效的方法。他一生中写下的 3400 本详细记录发明设想、实验情况的笔记，就是这段话的有力佐证。

爱迪生面对试验的许多次失败，不认为是自己的能力不足（内在归因），或者任务太难（外在归因），而认为那是必经的过程，或者说只是暂时没有取得结果，他坚信只要有足够多的尝试，就自然会得到想要的结果。这样的观念支撑他一而再，再而三不厌其烦地试下去，最终取得了成功。

我们知道，每个人的能力都是有限的，在一生里，每个人都会碰到许多自己无法左右的事情、无法达成的目标。那么遇到这样的情况时，该怎么办呢？如果一味地为此愁苦、懊恼，有用吗？其实那样既不利于事情的解决，还有害身心健康。相反，如果你积极地利用合适的归因理论，则能成功地调节自己的心理，使自己拥有积极的心态。

归因论（Attribution Theory）

即归结行为的原因，指根据有关的外部信息或线索，对人的内心状态或外部行为表现推测原因的过程。

内在归因——因个人性格、行为导致某件事情的发生。

外在归因——因环境、情势导致某件事情的发生。

小知识

归因分析表

内、外部	内部				外部			
稳定性	不稳定		稳定		稳定		不稳定	
内容	能力		努力		任务难度		运气	
活动结果	成功	失败	成功	失败	成功	失败	成功	失败
自我评价	我精明	我笨	我努力了	我未努力	任务容易	任务太难	我走运	我倒霉
情绪经验	自豪自信	羞愧	满意自信	内疚	自豪减弱	羞愧减弱	满意减弱	内疚减弱
可控性	难以控制		可以控制		不可控制		不可控制	
预期	仍可成功	仍会失败	仍能成功	可能成功	可能失败	可能成功	可能失败	可能失败

Q29

每次只要有异性在，我的表现就特别好？

——异性效应

ⓧ：因为他们会带给我活力呀！

ⓞ：这是因为“异性效应”的结果。

请看此例：

在宇宙飞行中，占60.6％的宇航员会产生航天综合征，如：头痛、眩晕、失眠、烦躁、恶心、情绪低沉等，而且一切药物均无济于事。这到底是为什么呢？

几年前，在南极考察的澳大利亚科研人员也得了这种怪病，晚上失眠，白天昏昏沉沉，用了许多方法，均无法治愈。经过调查研究，得出的结论竟是：没有男女搭配，是性别比例失调严重，导致异性气味匮乏的结果。因此，美国著名医学博士哈里教授向美国宇航局提出建议，在每次宇航飞行中，挑选一位健康貌美的女性参加。谁知，就这么一个简单的办法，竟使困扰宇航员的难题迎刃而解。

异性效应是一种普遍存在的心理现象，这种效应尤以青少年为甚。其表现是有两性共同参加的活动，较之只有同性参加的活动，参加者一般会感到更愉快，干得也更起劲，更出色。这是因为当有异性参加活动时，接近异性的心理需要得到了满足，因而会使人获得不同程度的愉悦感，并激发起内在的积极性和创造力。

在对现实生活的研究中，心理学家还发现，在一个只有男性或女性的工作环境里，尽管条件优越，卫生符合要求，自动化程度很高，然而，不论男女，都容易疲劳，工作效率不高。相反，增添了异性后，马上会觉得很快活，时间也感觉过得很快，工作也感到轻松多了。这就是异性效应的作用。因此才有那句俗话：男女搭配，干活不累。

这是因为，异性掺杂在一起，一般有以下好处：

（1）取长补短，完善个性。男人一般性格开朗、勇敢刚强、果断机智，不拘泥于细节，不计较得失，行为主动。而女人往往文静怯懦、优柔寡断、感情细腻丰富、举止文雅、灵活、委婉，性格比较被动。男女在一起，能够进行优势互补，同时容易发现自己的缺点，并完善自己。

（2）增强凝聚力。男女搭配，可以使一个群体的成员增强感情依托感，增进友谊、荣誉感和凝聚力，从而提高工作效率。

（3）增强推动力和约束力。人总是想在异性面前表现出自己最好的形象，得到异性青睐是我们的巨大动力。因此男女在一起，就容易激发出各自最好的表现，各显其能，发挥出最大的能力，同时有一种内在的心理约束力来规范自己的言行。

因此，我们在工作中，如果与异性同时配合，可能会取得更高的效率。或者在组织中安排男女成员在一起工作，也可能比纯一色的男成员或纯一色的女成员取得更高的效率。

异性效应（Heterosexual Effect）

异性效应是一种普遍存在的心理现象，这种效应尤以青少年为甚。其表现是有两性共同参加的活动，较之只有同性参加的活动，参加者一般会感到更愉快，干得也更起劲，更出色。这是因为当有异性参加活动时，异性间心理接近的需要得到了满足，因而会使人获得程度不同的愉悦感，并激发起内在的积极性和创造力。男性和女性一起做事、处理问题都会显得比较顺利。

小知识

16项男女心理差别趣谈

1.男性在年轻时会交很多朋友，但女性过了中年以后才会有更多的朋友。

2.约有25%的男性在第一次约会时就爱上对方，但女性到了第四次约会，才有15%会爱上对方。

3.女性做决定的速度比男性快。

4.从学龄前到中学时期的男孩子比女孩子更爱支配别人。成年后婚姻生活越长久，妻子就越容易成为支配者。

5.男性时常害怕爱侣会被杀或自杀，而女性则常常害怕爱侣会遭受意外的事故或年老死去。

6.男人喜欢冲锋式的工作，间隔休息，而女人则喜欢以同一个节奏工作。

7.大多数对成年人所做的调查都显示，男性和女性爱搬弄是非、制造谣言的程度是一样的。

8.阻止犯罪的研究显示，遇到坏人时反抗的女性比男性多25%。

9.约有2/3或4/5的酗酒者是男性。10个丈夫中，只有1个会与酗酒的妻子生活；但10个妻子中，却有9个会继续与酗酒的丈夫生活。

10.犯罪的单身男性比已婚男性多，而犯罪的单身女性则比已婚女性少。

11.声称快乐满足的已婚男性几乎是单身男性的两倍；但已婚的女性却比单身女性更常表示不快乐，不管有无孩子。

12.流产的胚胎大多是男孩。

13.关于做梦。男性较常梦见陌生环境里的陌生男人，一般多与暴力有关，若梦见女性，多半与性爱有关。女性在梦境中总是梦见熟识环境里的朋友和亲人。女性的梦境通常在户外，气氛大多友善，除非是月经来临前，这时女性做梦时会觉得懊恼和紧张、厌烦。

14.女人喜欢隐藏她们最深的感情，而男性喜欢让对方知道。如果你问一个男人：这个面包是哪里买来的？他会告诉你；而把这个问题问一个女人，她通常会反问“有什么问题吗？”

15.女人到家门口才掏出开门的钥匙，而男人早就掏出来了。女人划火柴时，总是把火柴划出，而男人总是划入，也许是女人怕烧到自己。

16.一家德国报纸组织了一次测验，在慕尼黑的一间商店里装了一面长镜，然后观察经过长镜的男女，看他们有着怎样的反应。在8小时的观察中，共有1620个女人经过这面长镜，1/3停下来短暂望一下她们自己；而600个经过长镜的男人，差不多都停下来好好望自己，大多数又往后望，看看是否被人注意。

02

加强篇

想让自己更好

一定要知道的知识

Q30

如何在竞争中刺激自己的能力？

——竞争的刺激

请看此例：

康熙在位执政60年之际，特举行千叟宴以示庆贺。宴会上，康熙敬了三杯酒：第一杯敬孝庄太皇太后，感谢孝庄辅佐他登上皇位，一统江山；第二杯敬众位大臣及天下万民，感谢众臣齐心协力尽忠朝廷，万民俯首农桑，天下昌盛；当康熙端起第三杯酒时，说："这杯酒敬给我的敌人，吴三桂、郑经、噶尔丹还有鳌拜。"众大臣目瞪口呆，康熙接着说："是他们逼着朕建立了丰功伟绩，没有他们，就没有今天的朕，我感谢他们。"

竞争是指个人与其他人一起活动时，想超过他人的一种心理状态。可以说通过竞争想超过别人是人的一种本能。以幼儿为例，幼儿们在一起玩玩具，总因为自己堆的积木比别人堆得高而沾沾自喜。可以说正常的人都或多或少有竞争心理，不过只有和别人比较时才会表现出来。

从心理学上说，竞争意味着自尊、自信，迫使你的追求变成一种社会存在，逼着你去实现它。竞争是一种不甘落后、力争上游的心理，以内驱力为前提，激发内驱力作用，把一个人最微弱的潜力也激发出来。它是一种复杂的心理组合，可以激发人的动机，使动机处于活跃状态，可以对人的智力起到一种强化作用，促使人的知觉更敏锐准确，注意力更集中，可以使人想象丰富、思维敏捷，充分发挥人的创造性。我们都知道著名的“鲶鱼效应”。古时候渔民出海捕鳗鱼，回到岸边时鳗鱼几乎死光了。有一个渔民把鲶鱼放到鳗鱼筐里，因为鲶鱼生性好咬好斗。为了对付鲶鱼的攻击，鳗鱼也被迫竭力反击，结果在战斗的状态中，鳗鱼生的本能被充分调动起来，就活了下来。鲶鱼效应告诉我们，在竞争中，一个人能激发出更大的潜力，能使自己充满活力，达到最高的效率。

健康的竞争心理应该包括以下几个方面：

1. 竞争之中容不得妒忌。在竞争的赛跑途中，妒忌表现为使绊摔倒实力比自己强的人，不让对手超过自己，这种犯规动作既妨害了强者取胜，对自己也绝无好处。妒忌在竞争中是无能和卑鄙的代名词（不公平的竞争除外）。

2. 竞争中应保持心理稳定，避免情绪大起大落。有竞争就有强弱之分，弱者必须承受得住失败的打击。你在这次竞争中失败了，并不说明你在将来的竞争中注定也要失败。

3. 人人皆有成功的机会。让我们借鉴美国前总统布什的经验之谈：事业上的竞争与做人是不矛盾的，良好的品格修养只会在竞争中有利于自己。

小测验

你的职场竞争力如何？

不管是生活中还是职场中，这是个讲求竞争力的时代。缺乏竞争力就等于缺少生存能力，特别是竞争的心态更是从根本上决定了你的职场竞争力。很多缺乏职场竞争力的人都是因为缺乏竞争意识而导致的，因此在很大程度上，你的竞争心态如何将直接决定你的职场竞争力强弱。如果你目前在工作上出了些问题，请首先考虑一下你的竞争心态如何。

下面是由职业规划师提供的小测试，以帮助我们来了解自己的竞争心态如何。

1. 在职业的选择上，你希望找一个很稳定的工作吗?

A. 不是

B. 是

C. 不一定

2. 为了适应环境，人们应该：

A. 视情况而定

B. 对不同的人讲不同的话

C. 对不同的人讲不同的话是滑头的表现

3. 在平时的工作中，你非常想超越别人吗?

A. 经常这样想

B. 有时这样想

C. 从未想过

4. 与过去相比，你是否更愿意参加各种竞赛，以检验自己能力的高低?

A. 愿意

B. 无所谓

C. 不愿意

5. 你认为对于竞争的正确态度是：

A. 竞争能发挥个人才能，应该积极参与

B. 竞争不关我的事

C. 竞争会带来很大的压力，造成心理紧张

6. 业余时间，你最喜欢读的书籍是：

A. 名人传记类

B. 文艺小说类

C. 娱乐类

选择 A 较多，证明你的竞争力比较强；选择 B 较多，证明你的竞争力中等；选择 C 较多，证明你的竞争力比较弱。

Q31

为何要找一个学习的榜样？

——模仿的作用

请看此例：

美孚石油是一家从不满足现状的公司。1992年，美孚石油的营业额已高达670亿美元，但是他们发现，有三个方面，他们做得还不够好。是哪三个方面呢？——速度、微笑和安抚。

于是，美孚石油决定开始寻找榜样，展开学习。在速度方面，美孚选择了潘世奇（Penske）公司。潘世奇公司负责给赛车提供加油服务。每当赛车风驰电掣般冲进加油站，身着统一制服的潘世奇加油员一拥而上，分工细致，配合默契，眨眼间就能快速完成加油任务。在微笑方面，美孚发现丽思·卡尔顿酒店的服务员总保持招牌般的甜蜜微笑，并且获得了不寻常的顾客满意度。于是，丽思·卡尔顿酒店被美孚定位为学习微笑服务的榜样。第三个榜样是家庭仓库公司。在家庭仓库公司看来，公司中最重要的人是直接与客户打交道的人。美孚意识到，以前认为与客户打交道的一线员工最无足轻重，这是极其错误的观点。

正是在这些榜样的影响下，美孚的顾客一到加油站，立刻享受到了服务员的温馨、快捷、便利的服务。美孚也尝到了拥有榜样的甜头：试点加油站的平均年收入增长了10%，2000年销售额为2320亿美元，位居世界500强第一位。

生活中，我们做事情，经常照着别人的样子去做。比如，看见别人留长发，自己也留长发；看见别人穿牛仔裤，自己也穿牛仔裤，等等。这就是模仿。

心理学上，模仿是指有意或无意地效仿和再现与他人类似行为的活动。心理学家认为，模仿是每个人都有的一种心理机制。模仿是学习的基础。我们学习任何知识和技能，很大程度上要归功于模仿。经过模仿，人们能形成一定的态度、信念、理想等个性特点。

而想要让自己变强就需要做到模仿和超越！

为什么要模仿？模仿可以短时间缩短与龙头企业的距离。为什么要超越？即使只是在一个小的方面有所超越，也可以增强我们的竞争优势。IBM 的创始人托马斯·约翰·沃森有这样一个心得：成功无他，找到你的榜样，学习并有所超越！

在我们的个人成长方面，模仿也是提升自己的快捷方式。模仿别人，可以达到迅速改变自己的目的，省去了自己摸索和走弯路的时间。

由于模仿是每个人都有的一种心理机制，因此，我们还经常会无意识或下意识地模仿周围的人。近朱者赤，近墨者黑。我们应该注意到这种模仿对我们是有利还是有害。

在印第安人的学堂里，挂着许多印第安青年的毕业照片，他们的神情与刚刚离开家乡时迥然不同，显得器宇轩昂、才华横溢，看起来能做一番大事业，但是回到部落后，大部分人却又变成了原来的样子。这是因为他们失去了能够激励自己的环境。和大城市相比，小城市和乡村的特点就是缺乏雄心壮志和足够的激励。处在那种环境里，无法通过一定的标准来衡量自己的能力，人们与世无争地生活着，周围没有什么东西可以刺激乐天知命的人们，也就很容易使人的潜能遭到埋没。

小知识

孟母为什么三迁?

孟子的母亲带着年幼的孟子，开始时居住在一座公墓附近。孟子看见人家哭哭啼啼地埋死人，也学着玩。孟母想：我的孩子住在这里不合适。就立刻搬家，搬到了市场的附近。孟子看见商人自吹自夸地卖东西赚钱，孟子又学着玩。孟母想：我的孩子住在这里也不合适。就又立刻搬家，搬到学堂附近。这时，孟子就开始学习礼节和要求上学了。孟母说：这才是适合我的孩子居住的地方！就在那里定居了下来。

Q32 多运动可以刺激大脑？

——运动的活力

请看此例：

38岁的刘医生工作非常忙碌。他虽然在经济上有可观的收入，可是却感到身心都快要垮掉了，他感到疲惫，对工作厌烦，找不到工作的意义。他发现，他的生活除了上班下班、看病人和吃饭外，便是睡大觉。为了挽救自己的生活，刘医生去找了一位心理专家。

按照专家的要求，刘医生回忆并列出了他以前所喜欢从事的一系列活动。他意识到自己非常喜爱钓鱼、打网球和散步。然而近两年以来，他几乎与它们无缘。

心理专家做的下一步，便是为刘医生设定一个计划，让他摆脱目前形成的工作和生活常规，让他拿出一部分时间，每天从事一些有益身心愉悦的活动。

虽然刘医生知道自己的心理状态有一些问题，但他还是不太情愿每天有规律地从事一些自己喜欢的运动。起初，他只是同意每周下班后打三次网球，同时每个周末抽出一天的时间去钓鱼。

从事运动6个星期之后，刘医生自己说他的情绪发生了明显的变化。在与心理专家的交谈中，他说："我自己也说不准到底是怎么发生的变化。就是由原来的被动工作，变得主动工作，现在我感到作为一名医生是很有意义的。唯一不同于从前的，是我现在常打网球，周末常去钓鱼。这些看似平常简单的事情竟然对我的情感、心理，以及生活产生了如此神奇的作用，真是不可思议。当我周末钓鱼归来后，我感到自己就像新充满了电的电池一样，精力充沛、精神饱满，一切都感觉耳目一新。有了这种良好的感觉，我工作起来不仅轻松愉快，效率也大大提高。同时我有了更多的精力和心思去照顾我的亲人、我的妻子和孩子。”

科学家发现，经常进行适量的运动，对大脑有很大益处，因为运动能改善大脑的营养。大脑约占体重的四十分之一，而供给脑的血液却占心脏排出量的四分之一，脑的耗氧量占全身的五分之一。所以大脑需要有充足的血液供应，以提供新鲜氧气及丰富的营养物质。如果血液供应不足或血液中氧和营养物质减少，则大脑在进行脑力活动时就容易疲劳，注意力不集中、思维迟钝、头昏脑涨，甚至头痛。而运动能使心脏搏出量增加，血液循环加快，使脑供血量增多。运动使呼吸加深加快，摄入氧量增加，血氧含量增多。

另外，运动能调整大脑皮层的神经功能，协调中枢神经的兴奋和抑制过程，防止大脑的过度疲劳，能有效地防治神经衰弱、记忆力减退等。

而且人的智力与大脑的表面面积和皮质的厚度有关，而运动能增强大脑皮质的表面面积和厚度，使大脑的思维能力和反应速度增强。所以，坚持运动能增强大脑功能。

最近的科学研究还证明，运动能把大脑里的化学物质脑内啡释放出来，这种物质能使人的精神振奋、心情愉快、智力增强、做事效率提高。所以，在工作之余常去运动，有助于身体的强壮和智力的提高，对学习和工作都有很大好处。

小测验

测测你的运动观念

对下列各题做出“是”或“否”的回答。

1. 运动能增强大脑功能。

2. 运动量越大越有利于身体健康。

3. 冬天参加体育锻炼会得关节炎。

4. 早晨空腹锻炼有害健康。

5. 大雾天气时不宜在室外运动。

6. 腰身减肥的最好方法是做腹部运动。

7. 为了保持适当的健康水平，你只需要一星期运动两次。

8. 为了减肥，运动时你应该尽量出一身汗。

9. 慢跑一公里比步行一公里要消耗更多的热量。

10. 锻炼后数分钟内，如果你的呼吸还不能恢复正常，可能你的运动量太大。

11. 散步是最好的锻炼方法之一。

12. 健身伸展运动使肌肉保持灵活。

13. 一天中你最少应花 20 分钟进行锻炼。

将你的答案与下列正确答案相对照，统计一下你答对了几个。

1. 是；2. 否；3. 否；4. 否；5. 是；6. 否；7 否；8. 否；9. 否；10. 是；11. 是；12. 否；13. 是。

答对 9 个以上：表明你对运动有较好的认识，运动观也较正确。

答对 5 ~ 8 个：一般。

答对 0 ~ 4 个：你对运动认识较模糊，运动也较盲目，希望你加强这方面知识的学习。

Q33

多使用感官，学得会更好？

——感官协同效应

请看此例：

有一位儿童用品的销售员，想销售一款新型铝制轻便婴儿车。他走进一家商场的商品部，找到了负责人。负责人问："请问有什么可以帮你吗？"销售员不动声色地把轻便婴儿车递给他。负责人又问："什么价钱？"销售员就把一份内容详细的价目表放在他的面前。负责人说："送60辆来，全要蓝色的。"销售员问他："您不想听听产品介绍吗？"他说："这件产品和价目表已经告诉我所需要了解的全部情况，这正是我所喜欢的采购方式。请随时再来，和您做生意真痛快！"

销售员让产品自己说话，把产品的色彩、硬度、味道、质地直接呈现在客户面前，使客户在瞬间就获得了关于产品的大量信息。这可能比你说一箩筐话都管用。这正是感官协同效应的作用。

心理学研究表明，参与收集信息的感官越多，信息就越丰富，所学的知识也就越扎实。就是说，多种感觉器官一齐上阵，能够提高感知的效果。这叫作感官协同效应。

科学家发现，人从听觉获得的知识能够记住15%；从视觉获得的知识能够记住25%；但是如果把听觉和视觉结合起来，就能记住知识的65%。而且，所有的感觉是以颇为直接的方式相互联系的。如果嗅觉受到抑制，那么，味觉也会受到严重影响。同样，视觉主要凭借着听觉而得到加强（如影视）。

在人际交往中，感官协同效应也可以使我们变得更加善解人意。心理学家发现，在成功的婚姻中，一方不仅能敏锐地观察伴侣的外表，同时也对他（她）的声音、气质、味道、感觉非常留神。研究表明，利用各种感觉信息进行沟通，是解决两人之间问题的最佳途径。

小知识

古人也懂感官协同

其实，古人早已经意识到了感官协同的作用。南宋的大学者朱熹发明了一种“三到”读书法：读书有三到，谓心到、眼到、口到。心不在此，则眼看不仔细，心眼既不专一，却只漫浪诵读，决不能记，记亦不能久也。三到之中，心到最急。心既到矣，眼口岂不到乎？朱熹的这个理论被后代的许多文人奉为有效的学习方法。它之所以有效，就是因为它包含了两种感官的协同作用——视觉和听觉。

Q34

强刺激之后会放松？

——安德那林高度兴奋综合征

请看此例：

迈克尔今年32岁，是一家大公司的总会计师。总会计师的职位非同寻常，要处理各方面的问题，接受上司的咨询，提出建议。可以说，公司的一切问题都在总会计师的心里有一本明细本。他要帮助公司做出各种重大的决策和选择。

正因为这一特殊职位的特殊要求，他与公司几乎被绑在了一起。他常常发现自己每天要工作到晚上8点甚至9点才能回家。这样，在工作日里，他很少能找到一些时间锻炼一下身体，或从事一些运动。尽管如此，他在周末也坚持不让其他事情来打扰干涉自己，全部用于自己身体的充电。

他是这样做的：每周我至少在办公室工作60个小时甚至更多的时间。我工作中的每一天，几乎都是早上出去披星戴月，晚上回来繁星满天。我的工作压力相当大。虽然此份工作责任非常重，可是仍有许多人在追逐它。如果我稍不努力，很容易被炒鱿鱼。而且现在到处公司兼并吞吃成风，即使我使出浑身解数，即使我比其他人都干得出色，但只要上司做出公司合并或解体的决定，我就全完了，我就要去喝西北风。

每到周末，我去滑雪的时候，是最快乐轻松和彻底解脱的时候。请想象一下，当你高高站立在9000英尺、白雪皑皑的山顶，俯视着脚下银装素裹的山谷、溪流、天地、原野时，你会感觉到这里是一片恢宏广袤、远离凡尘的神奇世界。然后，当你从悬崖峭壁上奔腾呼啸着滑下时，雪花飞溅，耳边呼呼生风，跨沟壑、越障碍，一切的一切都飞速地从眼前逝去，你会感到一种勇往直前的勇气，飘飘乎不知所止。什么工作、什么会计师，都已抛到九霄云外！

每当我滑雪归来，我都感到自己全身的细胞都换了新的，极度轻松自由，神清气爽，的确有一种超凡脱俗的感受。然后每周一回到办公室时，我都感到精力充沛。

正是滑雪运动的安德那林高度兴奋综合征给迈克带来了高度的放松，使他从巨大的工作压力中暂时得到了释放。

在生活中，有些人非常喜欢从事那些惊险刺激的活动，比如：赛车、滑雪、攀岩、武打、跳伞、冲浪、滑翔、跑酷，等等。这是为什么呢?

因为这些活动可以使人产生一种复杂的，由兴奋、恐惧、欢乐和危机感混合在一起的胶着心理状态和体验。心理学界将这种现象称为安德那林高度兴奋综合征。虽然这种综合征未必人人都有，但它能够使人摆脱和忘却目前的一切关注和烦恼，进入一种高度刺激、战栗的兴奋状态。

安德那林高度兴奋综合征具有典型良性作用：能够减轻心

理紧张感，减轻心理焦虑；可以消除情绪低落状态；自我更新，重新焕发青春活力；甚至提供了一种摆脱自我毁灭的灾难性后果的有效途径。

小知识

一张一弛，放松自己

现代人的压力太大了，工作压力、生活压力、求学压力、求职压力、家庭压力……而往往越是压力大的人，越需要刺激性很强的活动来放松自己，所谓“一张一弛，文武之道”。持续的紧张会对身心健康造成伤害，为了达到彻底的放松，重新恢复旺盛的精力和高度的热情，只要可以承受，我们就可以选择那些刺激性比较强的活动，使自己在安德那林高度兴奋综合征之后，恢复到最佳的工作状态。

Q35 保持良好的身体状态？

——身体的重要

请看此例：

美国著名的化学家利特尔曾有过这样的经历：我一个人单独经营了几年与化学工业有关的买卖后，我原来的积蓄差不多完全都亏空了。我的前途很黯淡，我认为我一个人单独干是干不好的。当时，我另外还有几个地方可以去，我决定选择其中的一个。

我做出这一决定的时候，正是下午将近黄昏时分。我正忙着收拾我的东西，忽然来了一个以前我给他干过活的老板，我便把自己这种不怎么好的情形告诉了他。

“现在天快黑了，我们吃了饭再说吧。”他说。

我同他一起来到了他的一个俱乐部，他点了几道好菜。然后我们便随便地闲聊起来，以至于我完全忘记了自己的困难。

“喂，你刚才说你的生意干不好了，究竟是怎么一回事呢？”他忽然插嘴说。

“算了，不谈了。”我回答道。

第二天早晨，天气很好，我的心情也好像好了许多，我重新回到了化学试验室里。从那以后，我就再也没有想过要放弃我自己所经营的事业了。

心理学家发现，人的身体和精神具有紧密的联系。人的身体处于怎样的状况，会对我们的心理产生一定的影响，从而影响到我们做事的效率。

加州大学心理学教授罗伯特·塞伊说：我们许多人将自己的情绪变化，仅仅归因于外部发生的事，却忽视了它们可能也与你身体内在的生物节奏有关。我们吃的食物、健康水平及精力状况，都能影响我们的情绪。这种观点得到了越来越多的医学专家的认可。

当你身体状态不佳时，如果好好地睡上一觉、美美地吃一顿、到新鲜的空气中去走一遭，轻松一下，或是当你有小病时吃点药，休养一下，当身体状态恢复的时候再去做决定，质量一定有很大的差别。因为，当你拥有一个良好的状态，你看事物的眼光会很不同。因此，我们要想使自己的工作始终保持在良好的状态和最高的效率，就要努力保持身体的健康。所谓身体是革命的本钱，身体也是工作效率的本钱。

那么在平时，我们应该怎样做才能拥有一个健康的身体，从而拥有更高的效率呢?

影响身体状态的第一个因素是睡眠。研究表明，睡眠使大脑中的高能磷酸酯等物质合成速度增加，神经递质乙酰胆碱的含量增高。因此，睡眠是大脑清除废物、积蓄能量的过程。

吃什么也会影响我们的状态，因为大脑活动的能量来自于我们所吃的食物。《食物与情绪》一书的作者索姆认为：对于那些每天早晨只喝一杯咖啡的人来说，心情不佳是不奇怪的。索姆建议，要确保你心情愉快，应养成良好的饮食习惯：定时就餐（早餐尤其不能省）、减少咖啡和糖的摄入（它们都可能使你过于激动）、每天至少喝六到八杯水（脱水易使人疲劳）。

此外，最新研究表明，碳水化合物更能使人心境平和，感觉舒畅。因为碳水化合物能增加大脑血液中复合胺的含量，这种物质被认为是人体自然产生的镇静剂。富含碳水化合物的食物包括各种水果、稻米、杂粮等。另外，科学家还坚信，维生素和氨基酸对人的心理健康有帮助。

科学家发现，脾气暴躁且怪僻、悲观的人在大幅度改善营养以后，大脑中用来维持正常情绪的去甲肾上腺素会大大增加，可以在很大程度上克服情绪的低落。

休息对健康也很重要。休息，是为走更长远的路。记住千万不要让自己在疲劳中继续工作，这样不但不会增加我们的效率，还会损害我们的健康。脑细胞在紧张的活动后，营养物质的消耗较多，急需补充；代谢物质积累较多，急需消除。此时，脑细胞处于一种疲劳状态，如继续学习，接受能力将大大下降，因此，用脑必须注意休息。

小知识

健康的标准

21 世纪，世界卫生组织拓宽了健康的含义，健康的 10 条标准是：

1. 精力充沛，能从容不迫地应付日常生活和工作压力而不感到过分紧张和疲劳；

2. 处事乐观，态度积极，乐于承担责任，事无巨细不挑剔，工作有效率；

3. 善于休息，睡眠良好；

4. 应变能力强，能适应环境的各种变化；

5. 具有抗病能力，能够抵抗一般性的感冒和传染病；

6. 体重得当，身材匀称，站立时头、肩、臂位置协调；

7. 眼睛明亮，反应敏锐，眼睑不发炎；

8. 牙齿清洁，无空洞、无龋齿，无痛感，齿龈颜色正常，不出血；

9. 头发光泽，无头屑；

10. 肌肉、皮肤富有弹性，走路轻松有力。

Q36

当脑袋卡住时，先放一边？

——灵感的酝酿

请看此例：

英国物理学家卢瑟福在思考 α 射线的本质时，有一天他忽然想道：如果射线的本性是氦原子核流的话，它的性质便很容易说明。虽已是深夜，他却立即抓起电话，对他的助手索迪一口气把自己的想法说了。索迪有点不高兴，但还是有点兴趣，就问："为什么？"卢瑟福的回答却是："理由嘛，还没有，只是个感觉。"后来通过实验，证明卢瑟福所感觉的果然是真理，而且卢瑟福由此建立了他的理论体系，并在 1908 年获得了诺贝尔化学奖。试想，如果卢瑟福没有及时抓住自己的灵感，并告诉助手，或许第二天早上，他自己也想不起来了。

每个人恐怕都遇到过脑袋卡住的情况，比如，对一些比较艰涩难懂的知识，第一次学习时很难理解和把握，或者遇到一个难题，想破脑袋也想不出解决办法。这时如果继续想下去，往往是干耗时间，因为灵感似乎离我们远去了。

这时，如果暂时把问题放一放，不去想它，做点别的事情，然后再回过头来想这个问题，或者不刻意地想它，灵感反而更容易出现，就像诗里说的：踏破铁鞋无觅处，得来全不费工夫。因为在这个过程中，潜意识一直会不断地对我们的知识结构进行整合、更新，当整合接近解决问题时，在某个点上会被突然触发，也就是产生灵感。这个暂时不做事的过程，叫作酝酿。灵感的酝酿对解决高难度的问题更加有效。

这是为什么呢？我们来分析一下灵感产生的过程，就可以了解了。

灵感的产生，需要人有较强的行为动机，并进行长时间的探索。在长时间连续思考后，如果还没有找到答案，人就可能转入休息或调剂，比如进行其他休闲活动。这是酝酿的阶段。

心理学家告诉我们，人的意识好像一座冰山，露出水面的叫前意识，藏在水中的是潜意识。前者能被人觉察，如思考、讨论；后者却不能。灵感思维通常是潜意识活动的结果。因为潜意识的能力要比前意识更强——前意识受常规思维的影响，难以自由发挥，而灵感则往往需要突破常规，是一种顿悟，往往来源于潜意识。

人们对一个问题经过长时间苦思冥想，在多次尝试失败后，如果暂时抛开它去休息、娱乐、锻炼，思维反而可以排除外界事物的干扰，使前意识活动下降，而潜意识思考活动的信息就可能突然冒出来，从而产生灵感。这就是为什么灵感需要酝酿的原因。

灵感还有个特点，就是容易转瞬即逝。如果你不把它记录下来，你可能再也找不到它了。为了迎接灵感的到来，我们平时应该随身携带纸、笔，有条件的带一支录音笔备用就更好，这样灵感一涌现，就马上记录下来，以防灵感稍纵即逝。如果不会速记，一时跟不上，可以顺手画出能识别的符号，简单记下精彩论点或佳句。至少要紧紧咬住灵感的尾巴不放，以便过后反思追忆。

小知识

灵感离不开勤奋

灵感表面看是偶一得之的，实际上它离不开一个人平时的辛勤努力和知识的丰厚积淀，所谓厚积薄发。

爱迪生说过：天才是百分之一的灵感加上百分之九十九的汗水。“杂交水稻之父”袁隆平也说：机会是有的，要做有心人。灵感从来只惠顾那些有心者。不要指望躺在床上就能获得灵感，也不要指望苦思冥想就能获得灵感。我认为，所谓灵感并不神秘，它是在知识、经验和思索结合后，由外界因素诱发而形成的创造性思维。

Q37

专注，效率才高？

——注意的稳定性

请看此例：

退休医务专家张国良医术高明，退休以后在一所医院每周一出诊。有很多患者慕名前来，因此他的工作量很大，但令人奇怪的是，他面对工作总是能从容不迫，既有效率，又不显得紧张。

有一天，来了一个农村妇女，张医生问她："你哪里不舒服？"患者回答："肚子不舒服。"他把头抬起来，集中精神，透过镜片看着这位病人："不舒服的时间有多久了？"

这时，后面有位穿着入时、戴着昂贵首饰的女子试图插话，但是医生旁若无人，继续和第一位患者说话："你肯定是间歇性疼痛吗？""是的。""是进食以后比空腹时更疼吗？""不，正好相反。"

他点点头说："我给你开一个处方，每天吃3次，每次吃4粒。""是每天3次，对吗？""是的。""每次4粒？""对，4粒。"

这位患者转身离开，医生立刻将注意力转移到下一位时髦女患者身上。可是没多久，那位农村妇女又回头来问："你刚才说是3次，对吗？"这一次，医生的精力集中在下一位患者的身上，暂时没有管这位农村妇女。

有人问他，是怎么保持工作的高效率的，医生回答说："我一次专心处理一个患者，忙完了一个，再换下一个。"

我们做许多事情的时候，如果做完一件再做另一件，那么再纷繁芜杂的事情，也会显得没有那么多，因为每时每刻，你处理的只是一件事情而已。专心专注有许多好处：能让你工作更有效率，达到最佳的表现；能够在最短的时间完成要做的事，获得最好的成果；能够充分地把握此时此刻，真正地享受并欣赏你在做和你所拥有的一切；使你内心平静，真正融入其中，感到快乐喜悦。

心理学上，注意的稳定性，是指人的注意长时间地稳定在某种事物或某种活动上。如上课时专心听讲，注意就会稳定在老师的讲课上；医生给病人做手术，注意就稳定在手术的过程上。

同注意稳定性相反的，是注意的分散，就是由无关刺激的干扰或由单调刺激的长期作用而引起的分心、走神现象。

一般来说，注意越稳定，做事的效率就越高；注意越分散，做事的效率就越低。注意的稳定性对于学习和工作的高效率是非常重要的。

生活中很多人注意力不集中、对琐事过于关心、被焦虑和猜疑等消极情绪所控制，这些都消耗人的精力，想做的事情越多，能够做成的事情就越少。有人说世界上最大的浪费，就是把宝贵的精力无谓地分散在许多事情上。人的时间、能力与资源都是有限的，不可能面面俱到。一次只专心地做一件事，全身心地投入并积极地希望它成功，不要让思维转到别的事情、别的需要或别的想法上去，专心于我们正在做着的事。选择最重要的事先做，把其他的事放在一边。做得少一点，做得好一点，会得到更多的收获。

小测验

你能集中自己的注意力吗？

为了检查自己的注意力，不妨备一张数字表格（见下表）：

34	19	42	54	45
26	16	39	28	57
40	35	14	56	30
12	29	44	51	23
50	43	36	24	11
37	20	55	32	47
25	41	17	53	38
13	22	48	10	58
52	18	21	31	46
27	49	33	15	59

找一块秒表。没有秒表，用电子表或普通手表也可以。检查过程并不复杂。表格上所列的数字为10至59。如果你在30秒钟内能找到三个连续的数字（例如10、11、12或42、43、44，等等），并大声地读出来，那么，你的反应是属于中等以上水平。要是在15秒钟内就能找到，说明你的反应速度属于上等。如果要花一分半钟才能找到，说明你漫不经心，你的注意力还需要好好训练。

Q38 只要制定够得着的目标？

——可见目标定律

请看此例：

1984年，在东京国际马拉松邀请赛中，名不见经传的日本选手山田本一出人意外地夺得了世界冠军。当记者问他凭什么取得如此惊人的成绩时，他说了这样一句话：凭智慧战胜对手。

当时许多人都认为这个偶然跑到前面的矮个子选手是在故弄玄虚。马拉松赛是体力和耐力的运动，只要身体素质好又有耐性就有望夺冠，爆发力和速度都还在其次，说用智慧取胜似乎有点牵强。

两年后，意大利国际马拉松邀请赛在意大利北部城市米兰举行，山田本一代表日本参加比赛。这一次，他又获得了世界冠军。因此记者又请他谈谈经验。山田本一性情木讷，不善言谈，回答的仍然是上次那句话：用智慧战胜对手。这回记者在报纸上没再挖苦他，但对他所谓的智慧迷惑不解。

10年后，这个谜终于被解开了。他在他的自传中对此做了如下解答：每次比赛之前，我都要乘车把比赛的路线仔细地看一遍，并把沿途比较醒目的标志画下来，比如：第一个标志是银行，第二个标志是一棵大树，第三个标志是一座红房子……这样一直画到赛程的终点。比赛开始后，我就以百米的速度奋力地向第一个目标冲去；等到达第一个目标后，我又以同样的速度向第二个目标冲去……40多公里的赛程，就这样被我分解成这么几个小目标，轻松地跑完了。开始时，我不懂得这个道理，我把我的目标定在40多公里外终点线的那面旗帜上，结果我跑到十几公里时就疲惫不堪了——我被前面那段遥远的路程给吓倒了。

长距离的路程，被他在心理上分成了若干段比较短的路程，这样，心理压力就减轻了。每时每刻，心里想的只是怎样实现眼前的小目标。这样跑起来就更有信心，也跑得更快了。

人有这样一种心理特点，就是：对于眼前的工作，如果不知道什么时候完成，就容易失去继续工作的欲望；相反，如果能清楚地知道什么时候能够完成，做事的信心就会增强，做事的效率也会提高。

一个心理学实验证明了这个定律。心理学家把一些从未割过麦子的学生分为两组，从麦地的边缘开始割麦子，并在麦地的中央插上红旗，作为目的地，看哪个组能先到达。在其中一组的麦地里，每隔三米就有一面绿旗，而在另一组的麦地里则没有。比赛结果正如心理学家所预料的：前一组获得了胜利。

这是为什么呢？前一组的目标被分成了若干个阶段，也就是分成了可望又可及的小目标，这样，每个小目标的完成，就是一个小小的成功，会逐渐增加人的自信，从而提高他的效率。

也就是说，看得见、够得着的目标，使人更愿意去完成它。相反，渺渺无期的一个目标，可能无法使人调动起实现它的动力。就像篮球架的高度：如果太高，谁也投不进去，就不会有人爱玩；如果太低，谁都能投进去，也一样没人爱玩。正是一个跳一跳、够得着的高度，才吸引了许多人去玩它。

因此，我们在做事情的时候，制定目标既不能太低——低了起不到促进自己行动的作用，也不能太高——高了会让我们感觉实现的希望太渺茫，会降低信心，并降低效率。而只有不高不低的、适度的目标，才能对我们的工作起到最好的促进作用。

小知识

为自己制定行之有效的目标

目标就像是强劲的引力，可以将努力的人提升到高一点的层次。如果把目标定在低层次上，则原先可以向上的，也无法提高层次；但是，目标如果高到不可能实现也是不行的。人是现实的动物，努力的成果浮现在眼前，人就会更加努力；如果一直没有成果，就难以继续努力。可见，我们应该给自己制定适度的目标。

Q39

要把想法写下来？

——思维外化

请看此例：

明朝文学家张溥小时候，天资并不聪明，读过的书转眼儿就忘了。但他是个有志气、有毅力的人，努力设法克服这个缺点，心想：别人读一遍，我读十遍还不行吗？坚持练了一段时间后，确实进步不小，他感到很高兴。

有一天上课，老师叫他背诵课文，开始几段背得还比较流利，可后面部分就背不出来了。老师很生气，就用戒尺狠狠地打了张溥的手心，并罚他把这篇课文抄写十遍。第二天，张溥把抄好的课文交给老师，老师又让他重新背诵，没想到全篇课文竟顺利地背完了。老师非常满意。

放学的路上，张溥心想：奇怪，为什么这篇文章会背得这样熟呢？是不是昨晚抄写十遍的缘故呢？他决定用今天的作业试一试。回到家中，他先把课文通读一遍，然后就开始抄写，他一边写，一边在心里默读。当抄到五遍时，已经能背诵了。抄到第七遍时，他感觉到自己已全部领会了课文的含意，并能熟练地背诵了。他高兴地说："原来真是'眼过千遍，不如手过一遍'，'好记性不如烂笔头'呀！"

张溥抄写多遍，不但记住了课文，而且领悟了文章的内涵。在生活中，有好的想法或灵感要记下来，作为以后生活的素材。如果单靠脑子，只能短暂记住，也许过不了多久就遗忘了。

一边思考，一边把思考的内容简要地、不断地在纸上写下来，这样做，能使思考的注意力高度集中，从而显著提高思考的效率。因为当你在纸上书写某种想法的时候，这时你的注意力自然都集中在这个想法上，你的大脑的相应部分此时也就处于高度的兴奋状态。所以许多人都体会到，一边想一边写写画画，比单纯在脑子里想，思路会更清晰、更有条理，印象也会更深。尤其重要的是，这样有助于更多更快地想出好的主意来。

一般人想问题，一直都仅仅是在脑子里想，而并不同时也动手写写画画。尤其对许多人来说，可能念小学时就曾听语文老师谆谆告诫过：一定要先想好了才动笔写！语文老师这样的教导是针对写文章来说的，是教我们写文章在下笔前要认真地反复考虑，要打好草稿。这自然没有错。这同我们现在讲的思维外化方法并不是同一回事，二者并不冲突。但如果不明确它们之间的区别，就难以自觉地运用思维外化思考法。只有认清了这种思考方法的作用和特点，并逐步培养起一种自觉的习惯，才可能经常灵活地运用它，而不断从中获得益处。

小知识

边想边记，头脑清晰

许多伟人都有写日记的习惯。根据思维外化的原理，写日记可以达到整理自己的思路，使自己的想法更清晰的作用。如果我们没有写日记的习惯，不妨试一试。体验一下，写了之后，是否对一件事的认识更深入、更清楚了？另外，总结经验或教训的时候，如果写下来，会记得更加深刻，这也是写日记的好处之一。

有时候，难以说服别人的时候，不妨试着给对方写一封信。这样不容易被对方的辩论打断思路，还容易使自己的思路更加清晰，把想要表达的意思表达得更清楚，另外这种方式也更能使对方得到理解。

Q40

你的时间值多少钱？

——时间成本原则

请看此例：

在本杰明·富兰克林的书店里，一个男子问道："这本书要多少钱？"

"要1美元！"那个徘徊良久的人惊呼道，"你能便宜点吗？"

"没法便宜了，就得1美元。"

这个很想买书的人又盯了一会儿那本书，然后问道："富兰克林先生在吗？"

"是的，"店员回答说，"他正在印刷间忙着。"

"哦，我想见一见他。"这个男子说。

书店的老板富兰克林被叫了出来。陌生人再一次问："请问那本书的最低价是多少，富兰克林先生？"

"1.25美元！"富兰克林回答。

"1.25美元！怎么会这样呢？刚才你的店员说只要1美元。"

"没错。"富兰克林说道，"可是你还耽误了我的时间，这个损失比1美元要大得多。"

这个男子很诧异，但是为了尽快结束这场由他自己引起的谈判，他问道："好了，现在请告诉我这本书的最低价。"

"1.5美元。"富兰克林回答说，"要1.5美元！"

“天啊，刚才你自己不是说了只要1.25美元吗？”

“是的。”富兰克林冷静地回答道，“可是到现在，我因此所耽误的时间和丧失的价值要远远大于1.25美元。”

这个男子默不作声地把钱放在柜台上，拿起书本离开了书店。

从这位深谙时间价值的书店主人身上，我们得到了一个有益的教训：时间是有价值的，时间就是财富。

生活中许多人意识不到时间的价值，他们有一种错觉，觉得时间似乎是无限的，时间有的是，眼前的一点时间算不了什么。有一篇富有哲理的小短文，启示了我们时间具有怎样的价值：

要知一年的价值，去问期末考试未及格的学生；

要知一个月的价值，去问生了早产儿的母亲；

要知一周的价值，去问周报的记者；

要知一小时的价值，去问等待见面的恋人；

要知一分钟的价值，去问误了火车、汽车或飞机的人；

要知一秒钟的价值，去问大难不死的人；

要知一毫秒的价值，去问获得了奥林匹克银牌的人。

在生活中，我们很容易想象有形物品的价值，比如汽车和房子；但时间因为看不见摸不着，经常得不到人们应有的重视。如果有人偷了你珍藏的画或珠宝，你会跑去报警，可是丢掉时间，谁会注意呢？除非你是律师、会计师或心理治疗师，你才会善于把自己的时间标上价钱。那么时间的价值究竟该怎样计算呢？

了解自己的时间价值，需要先明白“机会成本”这个概念。会计学上有一个机会成本的概念，这个概念和法律上所谓“可能利益”的概念很接近。譬如，某人车祸身亡，在计算赔偿金时，必须考虑这个人如果活着能够得到的利益，即可能利益。

生活中的机会成本也是同样的道理。假设某人正在读书，没有工作，乍看之下，他没有工作，所以他的时间成本是零。然而，他虽然没有工作，但只要他想工作，还是可以工作，只不过现在不工作，专心读书而已。所以，他的时间成本其实是他如果工作，能够得到的最大收益。

如果没有机会成本的观念，在以时间成本衡量事物价值时往往会估计错误。譬如，某律师在同一时间，接到两件委托案件。如果只能两者取一，这时就不能用普通的时间成本来衡量。也就是说，如果接了这件案子，另外一件就得放弃，成本自然提高了。当然，酬劳势必也得提高。而酬劳既然提高，律师方面就更不能浪费时间了。

成功者最可贵的本领之一就是与任何人做任何来往都简便迅捷。只有真正认识到时间的价值，才有意志力去杜绝那些饶舌者的打扰。

精确计算出我们时间的价值，是一项严肃认真的训练，这样你才会知道不能有效使用时间的代价。用你身边的计算器算出工作中每小时和每分钟的价值，然后利用这些数据，分析有代表性的几项日常性工作的相对时间价值，比如开会和执行项目。随时都应考虑是否可将工作委派给他人——由于你对公司的价值比较高，将日常性事务交给下级干，而不是亲自去做，通常是更有成效的。

看看你整个工作日的任务分配，是否有时忙碌，有时闲散？如果是这样，那就尽量想办法重新安排你的时间，以便能更连贯、更高效地工作，取得更大成就。

小测验

分析浪费时间的原因

我们可自问是否做过如下事情：

1. 由于摸不清头绪而引起的时间损失

（1）是否喜欢在早上睡懒觉?

（2）是否喜欢待在床上不起来?

（3）早晨看报的时间是否过长?

（4）是否尚未准备明天的事就睡着了?

（5）早餐之后，是否为了吸烟而将时间延长?

（6）走进办公室后，是否说些不必要的话?

（7）开始工作之前，是否先去喝茶？先办私事?

（8）工作、学习时，是否喜欢偷懒?

（9）因事先考虑不周，只好事后加以补救，而浪费了多少时间?

2. 由于混乱而引起的时间损失

（1）是否同时做许多不同种类的工作?

（2）是否故步自封，而不知随机应变?

（3）做事情时，是否按照事情的轻重缓急去处理?

（4）为了充分利用时间，避免连续工作的中断，是否经常在工作之前预先安排?

3. 由于玩乐引起的时间损失

（1）是否停下工作去玩上几盘电子游戏?

（2）是否停下工作去喝过咖啡？

（3）是否停下工作参加过其他的娱乐活动？

（4）是否经常与人会谈，或在电话中说些不必要的话？

（5）是否经常出席一些毫无意义的集会？

（6）是否因客人来访，而占用太多的时间？

（7）是否因打电话或接电话，而浪费许多时间？

4. 由于阅读以及书写存档等而引起的时间损失

（1）是否为了精选要阅读的材料，而删除不重要的东西？

（2）为了提高阅读的速度及理解力，是否加强自己的速读能力？

（3）是否以简洁的笔法写信？

（4）是否时常做毫无意义的事？

（5）是否有保存无用记录的习惯？

通过以上 4 项问题的分析，你可以找出自己在时间利用上的问题所在。如能改掉不良习惯，你就会利用时间创造价值。

Q41 保持端正做事的态度？

——态度的重要性

请看此例：

在日本东京霞关街附近，有一家名叫享有盛多的四星级饭店。一些演艺界的明星一到东京非那里不住。一向苛刻挑剔的明星们对此情有独钟的原因非常简单，享受一下该店定点擦鞋匠源太郎的“五星级服务”。

源太郎的擦鞋方法别具一格：不用鞋刷，而用木棉布绕在右手食指和中指上代替鞋刷，鞋油也自行调配。那些早已失去光泽的旧皮鞋，经他匠心独运的一番擦拭，无不焕然一新，光可鉴人，而且光泽持久，可保持一周以上。更绝的是，凭着高深的职业素养，源太郎与人擦肩而过时便能知道对方穿何种鞋；从鞋的磨损部位和程度，他可以说出这个人的健康状况和生活习惯。

炉火纯青的技术、一丝不苟的精神和非同凡响的效果，为源太郎赢得了众多顾客的青睐。他的老主顾来自东京、京都、北海道，乃至香港、新加坡等地。在他简朴的工作室里，堆满了发往各地的速寄纸箱。

可是谁能想到，这个名声显赫的源太郎多年以前曾是化工厂的一名失业工人，靠打零工糊口。后来，一个偶然的机会，他从一个美国军官那里学会了擦鞋。从此，只要听说哪儿有好擦鞋匠，他就千方百计赶去请教，虚心学习。日子一天天过去，源太郎的名声越来越响，最终成为凯比特东急饭店的一块金字招牌——“五星级擦鞋匠”。

我们或许也曾有过和源太郎类似的际遇，也许我们拥有充沛的体力和激情，有不愿屈从命运做一番事业的打算，也不惧怕吃苦。所不同的是我们的态度：我们也许不会甘心把擦鞋这类难登大雅之堂的工作当作终生事业。在开始对待工作的时候，我们也许觉得它太普通，太不值一提，觉得自己做这么简单的工作是委屈了自己，距离自己的理想相差太远，因此只把它当作糊口的工具，抱着做一天和尚撞一天钟的态度。但是，任何工作本质都不是普通的，只有普通的人，没有普通的工作。只要认真对待，任何工作都可以做出辉煌的成绩。伟大的业绩不是轰轰烈烈做出来的，而是多年任劳任怨、兢兢业业、一点一滴积累起来的。缺少这样的态度，我们的事业就很难获得高速的发展。

所谓态度，体现的是一个人的主要价值观和自我概念。比如，一个人如果认为生命的意义在于对美的追求，那么他对艺术就会持有积极肯定的态度。一个人喜欢维护正义，性格勇敢，他可能选择当一名警察。一个人如果原则性不强，就会显出与世无争、事不关己高高挂起的态度……

总之，行为体现着一个人的人生态度，人生态度则支配和左右着一个人的行为。

首先，态度往往决定着我们对外界影响的判断和选择。国外有人曾做过实验，把普林斯顿大学和达特茅斯学院两校的足球赛录像分别播放给两校学生看。结果普林斯顿大学的学生发现，达特茅斯球队犯规次数比裁判指出的多两倍。可笑的是，达特茅斯学院的学生则更多地指出，普林斯顿球队有许多次犯规而没有受罚。这两种不同的判断，是由两校学生维护各自学校荣誉的立场和期望本校球队获胜的态度造成的。

小知识

关于态度的寓言

有个叫阿巴格的人生活在内蒙古草原上。有一次，年少的阿巴格和他爸爸在草原上迷了路。阿巴格又累又怕，到最后快走不动了。爸爸就从兜里掏出 5 枚硬币，把一枚硬币埋在草地里，把其余 4 枚放在阿巴格的手上，说："人生有 5 枚金币，童年、少年、青年、中年、老年各有一枚，你现在才用了一枚，就是埋在草地里的那一枚，你不能把 5 枚都扔在草原里，你要一点点地用，每一次都用出不同来，这样才不枉人生一世。今天我们一定要走出草原，你将来也一定要走出草原。世界很大，人活着，就要多走些地方，多看看，不要让你的金币没有用就扔掉。"在父亲的鼓励下，那天阿巴格走出了草原。长大后，阿巴格离开了家乡，成了一名优秀的船长。